金哲彦のマラソンメンタル強化メソッド

実業之日本社

PERFECT LESSON BOOK

はじめに

今やランニング人口は、一千万人に迫ると言われているマラソン大国・日本。フルマラソン完走者数だけをみると、2015年にアメリカを抜き世界一になりました。

しかし、走っていない人にとっては、「あんなに苦しいことをなぜやるの?」という疑問はいまだになくなっていません。

「走っているときは、何を考えているのですか?」という質問を受け、答えに窮するのは私だけではないでしょう。

走りながら、いろいろなことを考えます。たとえば、仕事のことであれば、「この前終わった一年がかりのプロジェクトの間、何を考えていましたか?」と聞かれるのと同じ。ひと言で説明できるものではないのです。

マラソンは苦しさが伴うスポーツです。ただし、マラソンを始めて数年たつと、その苦しさとの付き合い方がわかってきます。もちろん、その前提として自分のカラダときちんと向き合えるスキルが必要となります。

だからマラソンは、フィジカルとメンタルのバランスが絶妙に混ざり合った大人のスポーツだと思うのです。子どものように純粋無垢な目標を抱きつつ、洗練された大人のメンタリティが要求されるスポーツです。私はこれまで正しいランニングフォームやトレーニングメニュー、レーステクニックなどの本を書いてきましたが、次のテーマとしてマラソンにおけるメンタリティについて綴りました。

本書では、トレーニングに向かう心構えから、レース中に失敗しない方法まで、ランナーが遭遇するあらゆる場面を想定しました。

初心者ランナーはもちろんのこと、フルマラソンの記録は伸びているけど、モチベーションに波が出てきたベテランランナーの方にも、ぜひ読んでいただきたいと思います。

金 哲彦

Chapter 1

メンタルが走りにおよぼす影響

Chapter 2

トレーニング時のメンタルコントロール術

Chapter 3 いざ、レース本番！メンタル調整法　079

marathon

Mental strengthening method

Chapter 1

メンタルが走りにおよぼす影響

苦しさが長く続くマラソンというスポーツにおいて、
重要なメンタリティとは?
目標を達成するためには、どんな心構えが必要なのでしょうか。
まずはマラソンにおけるメンタル調整法の基礎を知りましょう。

Chapter1 01

【メンタルとは？】

メンタルをコントロールして苦しさを乗り越えよう

マラソンの一番の特徴を挙げるなら、**苦しさが長く続く**ということです。

陸上競技の他種目でも、ほかのスポーツでも、体力的に苦しい場面は起きます。それでもマラソンほど**長時間、苦しい**ということはまずありません。フルマラソンならトップアスリートでも2時間強、市民ランナーであれば4時間とか5時間、あるいはそれ以上の時間を走り続ける必要があり、そのうちの何割かの時間でつらい思いをしなければなりません。

しかし、走っているときの苦しさは、いくつかの方法で乗り越えることができます。そのひとつが**メンタルをコントロールする**ということです。

苦しさを軽減させるには、トレーニングを積んで筋力をつけたり、心臓を鍛えて通常の心拍数を低く抑えたりする。あるいは正しいランニングフォームを身につける。つまり、身体的な強さを増すとかスキルを磨いていくことが必要ですが、これにはある程度の期間がかかります。

その点、**メンタルは自分の思考や考え方を少し変えたり、コントロールしたりするだけで、大きな効果を得られます。**たとえば苦しくてつらい場面で「あぁ、もうダメだ」と思いそうなところを、「まだ大丈夫」と自分自身に言い聞かせる。これだけで気持ちはずいぶんとラクになるのです。

苦しさを抑えられれば、走り方自体も変わってきます。ゼーゼーハーハーと猫背気味になり、腰が落ちてしまったランニングフォームより、背すじがピンと伸び、ほどよい前傾姿勢からリズムのとれた手脚の振りのほうがラクに走れます。それは効率のよい走り方であるため、トレーニングでもつらさを感じにくくなります。

トレーニングでつらさが少なくなれば、走る行為そのものを心から楽しいと感じ、トレーニング量も自然と増えていくでしょう。そして、スピードや体力もつき、やがてレース本番での自己記録更新につながっていきます。

メンタルをコントロールすることには、そうした可能性が秘められているのです。

Chapter1 02

【経験】マラソンは経験がものをいうスポーツ

マラソンの苦しさは、経験を積み重ねていくことでネガティブに感じなくなります。

つらさや筋肉痛のような痛みは主観的なものなので、繰り返していくうちに慣れてきます。たとえば病院での注射を思い出してください。幼い子どもは痛さや恐さからギャーッと泣き叫びますが、大人は泣いたりしません。別に痛くないわけではありませんが、注射がどんなものかを知っているからです。

私は現在もレースのゲストなどで呼ばれて、毎月のようにフルマラソンを走っています。現役の頃ほど速く走らなくても、苦しい場面は必ず訪れます。だからといって、「つらくて嫌だ」とは思いません。「あ、いつもの感じだな」と思う程度です。これは何度も走っていると自然に身につく考え方で、このペースで走ったときの苦しさはこういうもの、筋肉痛やひざの痛みはこういうものと経験から知っていて、その対処法もわかっていれば、特段、つらいということはありません。

そういう意味では、**初めてマラソンに挑戦する人がもっとも苦しむ**ことになります。もちろん、ビギナーや初級レベルのランナーは、肉体的に体力や筋力が不足していることもありますが、**走ったときに起きる苦しみや痛みを知らないことが大きく影響**しています。

経験値の高い大人は冷静に判断できる

マラソン界ではよく、「若い選手よりも30歳前後の選手のほうが強い」と言われます。

実際、17年現在の男子の世界最高記録である2時間2分57秒は、14年にデニス・キプルト・キメット選手（ケニア）が30歳で、日本最高記録の2時間6分16秒は、02年に高岡寿成《たかおかとしなり》さん（当時カネボウ）が31歳で打ち立てたものです。高岡さんは20代までトラックレースで活躍し、マラソン初挑戦自体が30歳を超えてからでした。

女子もポーラ・ラドクリフさん（イギリス）が2時間15分25秒の世界記録をマークした

のは29歳のとき。日本記録2時間19分12秒も野口《のぐち》みずきさん（当時グローバリー）が27歳で樹立しています。男子選手のように30歳は超えていませんが、ともに20代後半という点では共通しています。

筋力や持久力など、肉体的には20歳ぐらいから20代前半のほうが強いのは間違いありません。では、マラソンになるとなぜ30歳前後、あるいは30代の選手が強いのでしょうか。ひと言で言うと、それは「大人」だからです。

いろいろなことを経験し、**経験値の高い大人は、一般的に若い人よりも冷静に正しい判断ができます。人として成長しているからメンタルもコントロールできる**わけです。

マラソンレースは、いざスタートして走り始めると、刻一刻と状況が変わります。コースには直線もあればカーブもあり、上り坂もあれば下りもある。暑さや風、雨といった気象状況に左右されますし、ケガなどのアクシデントに襲われることも少なくありません。レース展開も単純に追い抜いたり、追い抜かれたりするというだけでなく、ライバルとの競り合いや駆け引きなどがあります。その時々に応じた対処が求められるわけですが、**う**

まく乗り切るには過去に経験があるほど有利です。

市民ランナーは、ライバルとの戦いまで考える必要はないかもしれません。でも、長時間を走り抜く苦しさに耐える力のほかに、**あらゆる事態に対処できるメンタルが必要である点はトップアスリートと同じ**です。

たとえばレースやトレーニングの最中に、脚が痛くなる、シューズのトラブルなど、想定外のことが起きたとします。そのときに落ち着いて対応できず、「どうしよう、どうしよう」とうろたえてしまうのは、メンタリティとしてあまりよいこととは言えません。

それが経験したことがある事態であれば、冷静に対処することができる。**マラソンは経験がものをいう競技**なのです。

Chapter1 03

【メンタルとは？】
メンタルをコントロールして最後までペースを保つ

マラソンは何時間で走り切るにしても、基本的には**一定のスピードをスタートからゴールまで保つことが重要**です。どこかある部分だけ速くても、ほかの部分で著しく遅ければトータルとしてよいタイムは望めません。

しかもマラソンに「まぐれ」はありません。たとえばバスケットボールだったら、100回ぐらいシュートをすれば、まぐれで1回ぐらいゴールに入ることがあるかもしれません。でも、マラソンでは普段1キロ6分でしか走れない人が、レース本番にたまたま1キロ4分30秒のペースで完走できることはない。**トレーニングでやっている以上の走りは絶対にできない**のです。

ところが、何らかの原因から予定していたタイムより遅くなることは何度もあります。

序盤に無理をしてオーバーペースで走ったために、終盤に体力が持たずにガクンと失速してしまうのは、市民ランナーによくある典型的な失敗例です。「調子がいいから、今日はすごくいいタイムが出るかも……」と思っても、想定以上の好タイムになることはほぼ100パーセントあり得ません。

つまりマラソンは失敗しないことが何よりも大切で、**最初から最後まで平均的にアベレージを刻んでいくほうが最終的には速くフィニッシュにたどりつけます。**

思考をコントロールする

目標タイムやコース、気象状況によっては、前半のペースよりも後半のペースを上げるネガティブスプリットという方法をとる場合もありますが、市民ランナーはまずはガクッとペースダウンしないことが大切です。途中で歩いてしまったり、急激にペースを落とさないことを優先させて、一定ペースを刻みます。

失敗しないためには、当然、トレーニングによる裏づけも必要ですが、**自分自身をコントロールできる思考を持っているか、ということが関わってきます。**

トレーニングをしっかりできているにもかかわらず、レース本番になるとうまくいかない。市民ランナーだけでなく、実業団や学生のトップランナーにもそういう選手は少なくありません。苦しい局面になったときに「あぁ、もうダメだ」と気持ちが引いてしまうわけです。そんな失敗の経験を次に生かせず、トラウマになっている人もいます。

トレーニングでは強いけれどレースでは力を発揮できないという人は、メンタルに課題がある可能性が考えられます。内面的に人として成長しきれていない、あるいは自分をうまくコントロールできない何かがあるということだと思います。

Chapter1

04

【メンタルとは？】

苦しさの向こう側にいい波がやってくる

マラソンは苦しさが長く続く競技ですが、その**苦しさには波があり、「終始、苦しいだけ」ではありません。**ある程度の時間が経過して代謝や汗のかき方が変わったり、水を飲んだりサプリメントを摂ったりすることで、ラクになるときが必ず来ます。路面の傾斜や風向きの変化によって苦しさが落ち着くこともありますし、レース本番になれば、沿道やボランティアスタッフからの声援がつらさを緩和してくれます。

最近、あるレースでゲストランナーとして走ったとき、メンタルという点で興味深いひとりの若い男性ランナーを見かけました。その若者はおそらく同じ会社であろう人たちと10人ぐらいで出場しており、最初のうちはみんなで楽しそうに走っていました。

でも、途中の上り坂が終わったところで、「もうダメです」と言い始めたのです。まわりの人は彼を励ましているのですが、あまり効果はないようでした。

その若者の走りを見ると、完全にフォームが崩れています。私は「あ、この人はもう気持ちで負けているな」と直感しました。

つらくても基本に忠実に走っていれば、苦しい波が和らいでラクになるのに、「もうダメ」という思いが先行し、子どもが駄々をこねるような走り方になっていました。

苦しいときほど自分と向き合う

頭の中では、今いる集団から離れる言い訳を考え始めているわけです。明らかにメンタルがやられている証拠です。本当にダメなときは言葉も出ません。

苦しさは我慢するしかありませんが、ポイントになるのは気持ちをどこに向けているか。「僕はもうダメです」と口にした時点で、気持ちは自分ではなく外に向けられています。

厳しい言い方をすれば、それは「逃げ」でしかありません。学生や実業団にも、テレビカメラが近づいてくると、それを意識して余計に苦しそうな顔をする選手が結構います。あれも同じような心理が働いていることで起きる現象だと思います。

苦しさには波があって、しばらくすればラクになる。そうしたことを事前にわかってい

苦しさの後には、必ずいい波がくる。それを乗り越えるのがマラソンの醍醐味

れば、今この瞬間に感じている苦しさは、「もう少しだけ頑張ろう」と前向きな気持ちで乗り越えることができるはずです。

つらいときこそ冷静になり、気持ちを自分自身に向けることを心がけてください。

Chapter1
05

【メンタルとは？】
楽しみを見つけて自分を飽きさせない

マラソンは苦しさが長く続くというほかに、**「飽きてしまう」**という特徴もあります。マラソンが嫌いとか興味のない人は、よく「なぜ何時間もそんな同じことをできるの？」と言います。嫌いまではいかないものの、走ることがまだ習慣化できていない人も、似たような印象を持っているかもしれません。

球技や格闘技のような対戦型のスポーツでは、同じ場面はほとんど訪れません。常に刺激がありますから、熱心に取り組んでいる人はおそらく飽きることがないと思います。

マラソンも厳密に言えば、自分自身もまわりの状況も刻一刻と変化しています。しかし、**身体的な動きとしては同じことの繰り返しで、それが何時間も続きますから、飽きて嫌になりかねない。そんなときにどう対処するかもメンタルの調整法のひとつ**です。

市民ランナーから、たびたび「走っているときに何を考えていますか？」と聞かれます。私は走っているときにさまざまな情報を処理し、判断し、対処しているので、ひと言では言い尽くせません。本当にいろいろなことを考えています。レース中なのか、トレーニング中なのかによっても当然、変わってきます。

記録を狙うときは時間との戦い

大学生や実業団選手として勝負に勝つことや記録更新を目指していた現役の頃は、私はレース本番ではどうやったら勝てるか、よいタイムを出せるかを常に考えていました。相手がいるレースではライバルを観察しつつ、自分の余力を把握しておく。レースはどこで動くかわかりませんし、動いたらすぐに対応しなければいけません。

自分の調子や展開によってはこちらから仕掛けるときもあります。そこはもう駆け引きです。当たり前ですが、景色を楽しんでいるような余裕はありませんでした。

勝負やタイムがかかったレース中に見ているのは、自分の前方に続くコースとライバルの状態です。ちょっと先に上り坂があれば、「あそこが仕掛けどころだな」と考えたり、ライバルをチラリと横目で見て、つらそうな雰囲気だったら、「一気に突き放そうか」と思いを巡らせたりします。
もちろん、ペースを上げると自分も苦しくなりますし、その後でペースが落ちたら元も子もありませんから、「苦しくなってもリキまないように」と、**ランニングフォームを頭の中で整理**することもあります。

記録を狙っているレースでは、時間との戦いになります。現役の頃はGPS機能などない時計でしたので、1キロの表示毎にラップタイムを確認して、「このペースで行けば目標タイムをクリアできそうだ」とか、ペースが落ちていたら「もっと上げないとダメだな」と、タイムを計算することが多かった。これについては、市民ランナーのみなさんと同じです。

自分なりの「楽しみ」を見つけよう

トレーニングとしてひとりで走るときは、まず「楽しいな」と思いながら走っています。近所の自然の中を走る機会が多いので、「緑がいっぱいで気持ちいいなぁ」と景色を楽しみます。しばらくすると、仕事ややらなければいけないことを頭の中で整理します。「あの仕事は今日中に片づけてしまおう」とか「あれは忘れないようにしないと」といった感じです。その段階に入ったら景色よりも、完全に自分の世界に入り込んでいます。

そうしてひとつの問題が解決したり、こんがらがっていた物事が整理されたりして、スッキリした状態になる。普段はあまり追い込むまで走ることをしないので、最後はその日のまとめのような感じで、また気持ちよさを味わいながら、「これが終わったらどのビールを飲もうかな」と、ご褒美のことを考えているかもしれません。

走っていたら飽きて、なんとなく「もういいや」という気持ちになりかけたら、**景色やレースのときは沿道にいる人たちを見て気分を紛らわすのもひとつの方法**です。それでも河川敷を往復するコースや、ひたすら田舎道を走るコースでは景色も変わり映えせず、ますます飽きる思いが強まっていくでしょう。市民ランナーのみなさんも、飽きてしまいそうなときのために**自分なりの楽しく走れる方法**を探してみてください。

Chapter1 06

【メンタルとは？】マラソンはポジティブな自分を作ってくれる

仕事や日常生活などのあらゆることでも同じことが言えますが、マラソンに取り組む際は、やはり常にポジティブな思考を持つべきだと思います。

ネガティブ思考の人は、どうしても失敗することを考えたり、不安な気持ちになってしまい、前向きな行動をとれないのが特徴です。

それに対し、ポジティブ思考の人は、**積極的に行動し、仮に失敗してもすぐに気持ちを切り替えることができます。**

よく、ポジティブな人はくよくよしない、物事を気にしない性格と思われがちですが、決してそうではありません。**失敗をしてもそれを失敗とせず、ひとつの経験だととらえます。**うまくいかなかったことを気にしないのではなく、むしろその出来事をきちんと受け入れて、自分の糧にするのです。ネガティブな人とは、そこが大きく異なります。

マラソンは苦しいものです。とくに記録を狙ったり、勝負に勝たなければいけないというレースでは、苦しくないことは絶対にありません。苦しさを伴う部分は、程度の差こそあれ、世界のトップアスリートから市民ランナーまですべてのランナーに共通します。レース後に元気な人というのは、目標を達成した喜びが苦しさやつらさを上回ったからであり、体力的な疲労がまったくないわけではないのです。

ネガティブな思考にならない工夫

そんなマラソンですから、**ネガティブな気持ちで挑んだら、待っているのは最悪の結果だけ**です。「苦しい。どうしよう、もうダメかもしれない」と思ったところで、事態が好転するわけではありません。

とはいえ、ネガティブ思考の人に「ポジティブになりましょう」と言っても、急に変わることはむずかしいでしょう。でも、**マラソンをやることによってポジティブな姿勢を鍛えることはできます。**少なくとも走っているときだけはポジティブにならなければ、自分が望む結果は得られないからです。

市民ランナーのみなさんに、走っているときはこのことを考えてくださいとアドバイスすることはできません。ただ、**ネガティブなことは考えないでほしい**ということは強調したいところです。

ネガティブになりそうな状況を想定し、音楽を聴きながら走る人もかなり多くいます。**音楽は飽きを解消させるだけでなく、集中力アップや一定のテンポを刻む手助けをしてくれます。**最近は運動時に外れにくいワイヤレスのイヤホンや、スマートフォンのアプリなどで聴き放題の音楽サービスも増えており、運動をする際の音楽環境が充実しています。

パブロフの犬の条件反射ではありませんが、走るときはZARDの『負けないで』のように聴くだけで頑張れる気持ちになったり、男性であれば自分を奮い立たせてくれる『ロッキーのテーマ』のような応援ソングを用意しておくのもおすすめです。

Chapter1 07

【メンタルとは？】走ることは私生活にもいい影響をおよぼす

人は毎日、常によいメンタリティを保っていられるわけではありません。よいときもあれば、悪いときもあります。

たとえば仕事がうまく行かなかったり、夫婦仲や家族仲が良好ではなかったり、何かしらの悩みを抱えていたり……。そういうときはトレーニングもなかなか思いどおりに消化できなくなりますし、走っていても心から楽しめないはずです。

実業団の選手も似たような状況に陥ることが少なくありません。これは女子選手に多いケースですが、監督やコーチとの関係がぎくしゃくしていると、それだけで走りに精彩を欠いてしまいます。トレーニング自体はしっかりできていても、レース本番になると途端に走れなくなる選手もいます。選手からすると、監督やコーチのひと言ひと言にムカッとしたり、イライラしてトレーニングに集中できなかったりして、自分の感情をコントロールできていないのでしょう。これはもうメンタルが悪い状態だと言わざるを得ません。

このような例からもおわかりのように、**走る際のメンタルは、私生活が影響してくる面も大きい**わけです。

レースで自己記録更新を目指すというのは、**それまで自分がやってきた最高のレベルをさらに越えていく**ということです。そういうときに私生活が順調でなければ、過去最高の自分を超えていくのはむずかしくなります。

幸福ホルモン「セロトニン」を分泌させる

マラソンは目指す記録が速くなればなるほど、やらなければいけないことが増えます。勉強に置き換えると、最初のうちは基本的な本だけを読んでおけば大丈夫ですが、より高い得点を狙うならば、難解な本も含めて、できるだけ多くの本を読んで理解する必要があります。マラソンも同じで、高いレベルに進めば、単に体力のあるなしという問題だけでなく、練習の量や質、種類も多くなるのです。

とはいえ、市民ランナーには、日々のストレスを解消するために走っているという人が多いのも現実です。実は抗重力筋を使うリズム運動であるランニングは、幸福ホルモンである「セロトニン」の分泌を活性化させます。セロトニンが不足すると、ストレスを感じやすくなる、心が不安定になる、うつ病になりやすいといったことが医学的にも証明されていますから、**走ることでストレスを発散するのは理にかなっています。**

逆に言えば、走って気分をリフレッシュさせれば、私生活も充実したものに変えられます。もちろん、日々のストレスを解消しながら、自己記録更新を狙って厳しいトレーニングに挑むことも素晴らしいことではありますが、まずはランニングを通して私生活を軌道に乗せて、よいメンタルを作ってから記録を狙うという方法をおすすめします。

Chapter1

08

【メンタルとは？】

最大の集中力と最大のモチベーションを発揮しよう

私は、小学校のマラソン大会をきっかけに本格的に走るようになりました。当時は1番になることだけが唯一の目標で、記録も走り方もまったく考えていませんでした。「絶対に負けないぞ」というギラギラした気合いがみなぎって、とにかく最初から全力で突っ走るだけ。体力がどこまで持つかというような感じでしたから、今から思えばそれは気持ちを軸とした走りだった気がします。

中学生になってからもレースでの走り方は、小学生だった頃と大きく変わりませんでした。ペースアップしてきたライバルに抜かれたら、ラストスパートでもないのに自分もペースを上げて抜き返したり。1番になることしか頭にないですし、少しでも前に行かれたら悔しいからすぐ抜き返すというハチャメチャなレース運びでした。そこには、設定タイムもペース配分も駆け引きも何ひとつありません。

高校生になってトレーニング方法や走り方、レース運びなどがだいぶ洗練されたと思いますが、いかに冷静に自分をコントロールするためにメンタルが大切さに気づいたのは、大学に進学し、本当に高いレベルを目指すようになってからです。まわりにいた先輩や同期が一流の選手ばかりで、がむしゃらに走るだけでは絶対に通用しないということを、彼らとのトレーニングを通して学びました。

100%の負荷をかける

私が在籍していた早稲田大学競走部は、当時、瀬古利彦《せことしひこ》さん（DeNAランニングクラブ総監督）を育てたことで有名な中村清《なかむらきよし》監督が率いていました。中村監督の指導は、選手のやる気に火をつけることを第一の目的にしていた印象があります。1回1回の練習を命懸けで取り組みなさい、という感じでした。中村監督は、普通の若者は自分の持っている能力を100パーセント出すことはできない。60や70で終わっているところを、いつでも100出せるようにやらないとダメだと考えていました。

中村監督で思い出すのは、練習に入る前の話がとにかく長いことです。話題は陸上競技以外にも多岐にわたるのですが、いかに真剣勝負をしなければいけないかといったことを、それこそ情熱的に、ときには誰かが怒られながらも延々と何時間も話し続ける。そして、選手の気持ちをグーッと昂《たかぶ》らせたところで、「よし、行くぞ！」と練習に入っていきます。

言ってみれば、**最大の集中力と最大のモチベーションでトレーニングに臨む。それを日常的に行っていた**わけです。

小学生や中学生だった頃の私は、まわりの相手がそれほど強くないから地域の大会でもそれなりに勝てていました。でも、そんなことは日本のトップや世界を目指す選手の中に入れば、全然たいしたことがない。そういう人たちと戦うには、レースでの単なる勝ち負けに固執せず、**トレーニングの段階で自分をどんどん引き上げていく必要がある。だから常に100パーセントということだった**と理解しています。

私が初めてフルマラソンを走ったのは大学1年、19歳になったばかりで出場した東京国際マラソンでした。ただ、そのときはフルマラソンを走りたくて走ったのではなく、中村監督に「走れ」と言われ、半ば強引に出場させられたような形でした。フルマラソンに向けても具体的な指導を受けたわけではなく、40キロ走を数回やっただけで、何もわからないままにスタートラインに立ちました。

その前の月に箱根駅伝を走っていましたから、20キロまでは何とか走れるだろうと思っていました。20キロを全力で走るよりかなりゆっくりしたペースで前半を終えたのですが、それでも後半はボロボロでした。当時の東京国際マラソンは国立霞ヶ丘陸上競技場をスタートして青山通りを赤坂見附方面に下り、折り返してきて再びそこを上っていくコースです。赤坂見附から国道２４６へと続く坂は長くて、最後はもう本当にフラフラだったことを覚えています。

日本のトップや世界を目指すわけでもなく、まして中村監督のような指導者が身近にいない市民ランナーが、大学生だった頃の私のような練習環境に身を置くことはほとんど不可能と言っていいでしょう。

ただ、**できる限りの最大の集中力と最大のモチベーションでトレーニングに臨むことは、レベルアップを図るには非常に有効**です。第2章で詳しく説明するトレーニングでも、たとえば負荷の高いトレーニングを行うときは、ケガのリスクを抑える意味でもいい加減な気持ちではできません。目指すレベルが高ければ高いほど、それなりの覚悟が必要になるからです。

Chapter1 09

【脳の使い方】左脳と右脳の使い分けが目標達成への近道

人間の脳には左脳と右脳があります。**左脳にはおもに論理的な事柄を司る機能があり、右脳には感性や感覚を司る機能**があるとされています。**マラソンにおいては、左脳と右脳の両方をうまく働かせることが大切**です。

たとえば左脳は、ペースの計算をしたり、それに基づいたペース配分を決めたりします。「今は1キロ○分ペースだから、このまま行けばフィニッシュタイムは○時間○分ぐらいになりそうだ」などと考えるのは左脳の役割です。

私は長くマラソンに関わってきたこともあり、六十進法の計算が得意です。フルマラソンを4時間で走るなら1キロあたり5分41秒、5時間で走るなら1キロ7分07秒と、だいたいパッと言うことができます。

状況判断も左脳が行っています。目の前に上り坂が見えてきたときに、「あそこからは歩幅をやや大きめにとるストライド走法に変えて、なるべく大きなフォームを心がけよう」とか、「風が強くなってきたから腕振りをより意識しよう」といった考えは、左脳によってもたらされます。また、気温が高い、湿度が低いなどの客観的なデータを情報として取り入れ、「じゃあ、給水は多めにとらないといけない」と対処するのも左脳です。

こうした左脳の力は、日頃の練習やレースから意識し、経験を積むことで誰でも磨くことができます。

一方の右脳は、もっと感覚的、あるいは動物的な役割を担っています。走りのバランスがいいとか、筋肉がなんとなく張っているとか、心臓はまだ余裕がありそうだといったデータで表せない部分です。正確な気温や湿度ではなく、暑いとか空気がカラッとしていると感じるのも、右脳の働きです。**苦しくなったときに気持ちを奮い立たせようとするのも、完全に右脳が発している指令**になります。

脳のバランスを整える

よい感じでスーっと走れているときは、あまり苦しさを感じません。しかも、いちいち時計を見てペースを確認しなくても、自分の中でだいたいこのくらいのペースで走れているだろうとわかります。それは右脳がうまく機能している証拠です。

左脳と右脳、どちらに偏ってもマラソンはうまくいきません。左脳による計算だけでよいタイムは出ませんし、右脳だけで突っ走ってしまったら、それこそめちゃくちゃなレースになってしまう可能性があるからです。

これは何もランニングだけに限った話ではなく、誰もがさまざまな場面で無意識のうちに使い分けていることです。左脳と右脳はコミュニケーションがうまくとれればとれるほど、よい働きをするのです。

マラソンでは、まず**左脳の部分を鍛え、裏づけとなるものを築く。その上で、最後は右脳の部分を働かせて目標に近づいていく**という方法がいいのかもしれません。

Chapter1 10

【脳の使い方】短距離的性格と長距離的性格。マラソンに向いているのは？

マラソンに向いている性格というのがあるように思います。

陸上競技ではよく、**短距離的性格と長距離的性格**とに分けたりします。短距離は100メートルや400メートル、リレーといった瞬発力が求められる種目で、ハードル競技もこの中に含まれます。長距離は800メートルなどの中距離種目を含めた、スタミナがものをいう種目です。当然、マラソンは長距離に入ります。

そして、走高跳、棒高跳、走幅跳、三段跳の跳躍種目は、性格の観点で分けると短距離的であると言われ、砲丸投、円盤投、ハンマー投、やり投の投てき種目は、長距離的であると言われます。

なぜこのように分けられるかというと、トレーニング方法が違うからです。

とくに跳躍種目は、専門的な技術トレーニングが多く、同じことを繰り返して行うというよりも、少ない回数で最大限跳ぶことに重きを置く傾向があります。短距離種目のトレーニングも似たようなところがあります。

一方で投てき種目は、反復練習がとても多い。筋力トレーニングも地道に繰り返さなくてはいけないメニューばかりです。淡々と走り続けることがトレーニングの多くを占める長距離に似ているのです。

つまり、ざっくり分けると、感覚的にパパッとやろうとしてしまうのが短距離的性格、地道なことをコツコツできるのが長距離的性格となります。マラソンで自己記録を目指すなら、後者のほうがいいのでしょうが、仮にコツコツやることがあまり得意でない人でも、マラソンをしっかり取り組めば性格が変わっていく、ということもあります。

これはあくまでも私の感覚的な印象ですが、物づくりのような仕事をされている人は長距離に向いている気がします。**地道にひとつずつやるべきことをクリアしていかなくてはならない**からです。それに対して、営業職をバリバリやられている人は、どちらかと言えば短距離型性格。会社でも花形で、パッパと仕事をこなすタイプです。もちろん、短距離型性格の人もどんどんマラソンにチャレンジしてほしいです。

性格の違いとは別に、男女間でも向き、不向きというか、メンタルの違いがあるように感じます。一般的に、女性のほうがマラソンに向いていると言われています。我慢強さがあるとか、オーバーペースにならずに自分をうまくコントロールしながら走れる人は、確かに女性のほうに多いかもしれません。

男性はのぼせやすいと言うのか、いい意味で闘争心がありますから、人に抜かれると「チクショー」という負けん気が出てきます。結果的にそれが原因でオーバーペースになりやすいのです。

付け加えれば、レース後に元気なのは女性のほうだったりします。

marathon
Mental strengthening method

Chapter 2

トレーニング時のメンタルコントロール術

マラソンに「まぐれ」はありません。
日々のトレーニングからしっかり自分と向き合っていくことが重要です。
つらいトレーニングが楽しいものに変わる、
メンタルコントロールのポイントを紹介します。

Chapter2 01

【トレーニング時】トレーニングを義務と考えない

レースでよい記録を出したいと思ってはいるけれど、つらいトレーニングはあまりやりたくない。そう思っている人は多いのではないでしょうか？

ダイエットが目的で走っている人も、自分自身にノルマを課していると、なかなかつらいものです。走る行為ではときどき苦しさを伴いますから、「また苦しいことをやるのか」と思ってしまい、腰が重くなるのも当然と言えば当然です。

ただ、マラソン、あるいはランニングは競技の特性上、走ることそのものがトレーニングになります。そのことを理解していれば、「トレーニングをやらないといけない」と思う必要はありません。**トレーニングを義務と考えないほうがいい**と思います。

市民ランナーのみなさんは、始めたきっかけが何であったにしろ、走ることそのものや、走ったことで得られるものに楽しみや喜びを見出しているはずです。その点に関しては、いつまでも自分のメンタルの根底に置いておくようにしてください。

そもそも、走ることで得られるメリットは数多くあります。

有酸素運動による脂肪燃焼や心肺機能の向上、筋力アップによる基礎代謝の増加といった健康面でのメリットは、今では広く知られるようになりました。また、姿勢をよくしたり、カラダのラインを美しくしたりするなどのダイエット効果もあります。全身を動かすことで血流が増えて脳が活性化されたり、ストレスを解消できたりもします。

トレーニングと向き合うために

マラソンはカラダや心にとってよいことである上に、楽しみや喜びを味わえるわけですから、やらずにいることほど、もったいないものはないのではないでしょうか?

日常生活でよく「面倒くさい」を口癖にしている人を見かけます。あそこまで歩くのが面倒くさい、荷物を運ぶのが面倒くさい……。いろいろな物事が便利になった現代社会では、自分が歩いたり運んだりしなくても、それに代わるものがたくさんありますから「面倒くさい」という発想になるのです。カラダを動かさないほうがラク、ラクなほうがいいという潜在意識もあるのかもしれません。

要は考え方次第です。**「カラダが喜ぶことをやっているんだな」という考えに転換**できれば、面倒くさいことなど何もないはずです。

会社や駅などでエレベーターやエスカレーターを利用する機会が多いと思います。時間や余裕があるときに、階段を利用してみてください。心拍数が上がって、少しつらいし、脚に張りが出てきますが、それ自体がもうトレーニングになっています。

トレーニングを義務と捉えているから、何らかの事情で走れなかったときに「サボってしまった」と罪悪感にかられてしまうのです。マラソンは自分だけの問題であって、誰からもとがめられないにもかかわらず、です。

走ることはカラダによいことであり、楽しいこと。そんなふうに気楽に考えるのが、トレーニングに向き合うひとつのメンタル法になるはずです。

Chapter2
02

【トレーニング計画】
トレーニング計画はフレシキブルに。対応力を身につける

トレーニングの計画や内容は、フレキシブルに進めていくことが長続きとレベルアップのカギになります。

たとえば土曜日の午前中とか金曜日の夜と、練習日時をあらかじめ決めておくと、自動的に生活のリズムがとれるという利点があります。走ることが習慣化されるのも早いと思います。

ところが、あまり計画的にきっちり決めすぎると、メンタルに悪影響がおよぶリスクも高まります。トレーニングをできなかったときに焦りや敗北感が生まれるからです。

走ることが仕事のようになっている実業団選手ならまだしも、ほとんどの市民ランナーのみなさんは仕事を抱えていますし、家族や友人と過ごす時間も大切です。すべてを走る

ことに捧げられるわけではありません。

前回のトレーニングの疲れが残っている場合もあるし、脚が痛くなるかもしれない。仕事の予定が変わるかもしれないし、急な残業が入ることもあるでしょう。

トレーニングは、決めたことをすべてやろうとしたら、その時点で義務となり、トレーニングができなかったことがストレスにつながってしまいます。もっと柔軟に、それこそ「時間があるからちょっと走ろうかな」というときがあってもかまわないということです。

体内のスイッチを入れる

もちろん、あるレースで自己ベストを目指すというなら、それに基づくトレーニング計画は絶対に必要です。レース当日をゴールとし、逆算しながら全体的なメニューを考えていきます。高いレベルであればあるほど、計画の綿密さ、緻密さが不可欠です。

しかし、**そのとおりに事が進まないのが普通で、その人のライフスタイルや体調に合わせて計画や内容を変えていくほうが重要**になります。

トレーニングとはどれだけ自分に適切な刺激を与えたかであり、それに対するカラダの反応がトレーニングの効果です。人の心やカラダは天気と同じで、昨日とまったく同じ状況というのはありません。**常に変化している中にどのようなタイミングで適切に刺激を与えるか。**つまり、トレーニングの全体としての流れができていれば、多少日にちをずらしたり、前後したりしても問題はないのです。

私の場合、「よし、走ろう」と思った途端にスイッチが入ります。そして、30分後に走る、1時間後に走ると決めて、それに向けて準備を進めます。「今から5時間後にフルマラソンを走りましょう」と言われても、おそらくできます。軽食をとって、少しウォーキングをするなど、準備時間として5時間あれば十分です。

別に決まった準備運動をしなくとも、最初に気持ちが働き、意志が固まったら、体内のスイッチが入って走れる状況になる。これは能力というより、そういう意識でいられるかどうかの問題なので、市民ランナーでもすぐに身につくことです。

Chapter2
03

【トレーニング日誌】
成長の証となるトレーニング日誌をつけよう

トレーニングは、自分が行った内容をその都度、記録しておくことが大切です。最近ではマラソン専用のトレーニング日誌も市販されていますが、一般的なノートへの記入やスマートフォン、パソコンなどで管理できるログへの記録でもかまいません。

記録する内容としては、トレーニングのメニューやその量、タイムといった客観的なデータがもっとも重要です。「ジョギング10キロ　60分」とか、「インターバル200メートル（40秒）×20本　レスト（1本ごとの休憩）40秒」と、シンプルに書くほうがあとで見返したときにわかりやすいと思います。

おすすめしたいのは、**きちんと達成できた日には二重丸や花丸を赤ペンなどで強調するという方法**です。「きちんとできた」というのは、タイムがよかったとか、速いペースで走り切れた場合だけに限りません。たとえば、30キロ走を完走できた。市民ランナーであれば、なかなかできないことですからそれだけでもう「◎」です。フルマラソンのトレーニングとしてレースに出場した。ハーフマラソンで自己記録は出せなかったけれども、まずまずのタイムで走れたら、それも「◎」でいいと思います。

自分の評価を残す意味とは

実業団の選手ともなれば、決めたメニューをやり切ることは当たり前ですから、そのときのタイムによって厳しく評価されます。でも、市民ランナーの場合はタイムはどうあれ、最後までやり切っただけで十分というメニューも数多くあります。

ひとつでも多く「◎」をつけられると、それはメンタルの充実につながります。「あのトレーニングをきちんとできた」という自信になるのです。

自分に厳しくありたいという人は、「きちんとできた」の基準を上げてもいいですし、できなかったところはバツ印を書いてもいいでしょう。故障したり、風邪を引いたり寝込んでしまってトレーニングができなかったら「×」になるかもしれません。

トレーニング日誌の記入で優先されるべきはトレーニングメニューの客観的データですが、体重や体脂肪率、「右ひざが少し痛くなった」「左足の裏に違和感」といったカラダの状況や痛みを書き加えておくと、故障が悪化してしまったり、通院を余儀なくされたりしたときの改善や治療の糸口になるはずです。

さらに余裕があれば、「調子よく走れた」「暑くて後半にペースダウンしてしまった」など、そのときの感情や状況、また、食べた物や走ること以外に関するその日の出来事、感情を書き込むと、より充実した日誌になります。

最初からはりきってたくさんのことを書こうとするのは大変ですから、まずはトレーニングメニューの客観的データと、きちんとできたら「◎」をつける。そのふたつから始めてみてください。

トレーニング日誌は自分に自信を持たせてくれると同時に、自分の成長を感じさせてくれるものでもあります。

Chapter2 04

【コーチ】自分自身がコーチになって判断しよう

私が現役選手だった頃の最大の失敗は、マラソンレースでの途中棄権です。1990年3月、韓国・ソウルで行われた東亜マラソンでした。レースを途中でやめたのは、後にも先にもこのときの一度だけです。

実はすでにトレーニングの段階から右のふくらはぎに軽い肉離れを起こしていました。本来であればそういうときは、思い切って練習を1週間くらい休まないといけません。しかし、アジア大会の韓国代表選考会を兼ねていたそのマラソンは、私にとって絶対に外せないレースでした。そこで鍼治療やトレーナーの先生に診てもらいながら、だましだましトレーニングを続け、不安を抱えたままスタートラインに立ったのです。

スタートして5キロあたりで早くもふくらはぎが痛み、筋断裂を起こしていましたが、それでも我慢し、意地だけで走り続けました。そして、20キロ地点でバチっと音がしたのが自分でもわかりました。ただ、期待してくれている人たちに申し訳ないと、私はさらにレースを続行してしまいました。途中はほぼ歩いていたような状態ですが、30キロまで続けたところでついに断念しました。

無理をした代償は大きく、帰国してから改めて診断してもらうと、腓腹筋《ひふくきん》（ふくらはぎ）の完全断裂でした。それから本格復帰までに約1年を要することになります。痛めた箇所は今でもへこんで残っています。

客観的に自分を見つめよう

市民ランナーのみなさんは、ここまで無理をしてはいけません。指導者がいる学生や実業団の選手であれば、練習で異変があったときに「これ以上は走らせない」という判断をしてくれます。でも、**市民ランナーの多くはそうした判断を自分自身で下さなくてはなりません。**つまり、ひとりのランナーであると同時に、コーチとしての役割を担う必要があるわけです。

こうしたいという希望なり考えがあったとき、「〜したい」という気持ちは一旦置いておき、客観的に見てそこに問題はないのか、正しいことなのかを冷静に判断する。それがコーチの目を持つということです。自分を客観視すると言い換えてもいいかもしれません。

ケガや体調不良といった何らかの問題が発生したときこそ、自分自身が自らのコーチとなって、無理をせずに休むのか、もう少し負担のかからないメニューに変えるのかなど、正しい判断を下すようにしましょう。

また、**トレーニングがうまくいっているときも「コーチの目」は必要**です。調子がいいと、**予定していた距離や時間よりももっと長く走りたいという気持ち**が沸いてきます。少しぐらい多めのトレーニングなら問題はありませんが、**やりすぎは故障や疲労の蓄積の原因になります。**ここでも、「もう少し走りたいという気持ちを残して、今日はこのくらいで終えよう」と、コーチとしてランナーである自分自身を律してください。

Chapter2
05

【トレーニング時】トレーニングの価値を見極める

今日は10キロを走ろうと思っていたにもかかわらず、苦しくて5キロでやめてしまったとします。それだとトレーニングの意味がなくなってしまうのでしょうか？

予定していたメニューをこなせなかったのだから合格点に到達しないという見方もできますし、少なくとも5キロ走ったのだから意味がないこともない、とも言えます。

ポイントは、**その10キロがどういう位置づけのメニューだったか**、ということです。

2、3カ月先、あるいは半年先のマラソンレースに出場するとなったら、トレーニング計画を立てます。この際、フルマラソンでサブ4以上のレベルになると、基本的にはレース当日から逆算し、直前の2週間は最終調整にあてます。次に、その前の4週間のうち、3週間はハードトレーニングの実戦練習期で、最後の1週間はリカバリー期としてやや軽めのトレーニングになります。

さらにその前の4週間は、3週間でカラダを作り、1週間がリカバリー。このように最終調整に入るまでは、4週間ごとのサイクルでメニューを組み立てるのが一般的です。

そして、要所、要所で、「ポイント練習」と呼ばれる重要なトレーニングが入ってきます。フルマラソンで記録を狙うトップランナーが行う40キロ走もそのひとつで、絶対にやらないといけないトレーニングです。どんなに悪い内容だったとしても、最後までやり切らなければいけません。それでも万が一、その日にできなかったら近いうちにもう一度トライしなければいけないほど重要度の高いものです。

走った距離は裏切らない

冒頭の10キロがそういう意味合いのトレーニングなら、やはり改めて行う必要があります。5キロではトレーニング本来の目的を果たせていないからです。

逆に、トレーニング全体の大きな流れの中で大勢に影響がなければ、5キロでやめたとしても落ち込んだり、罪悪感を覚えたりする必要はありません。ジョギングを1日や2日抜いたからといって、レースでタイムが落ちることはありません。むしろ無理をしなかったことで心身がリフレッシュされるので、「次のトレーニングをよい状態で迎えられる」

と、ポジティブに捉えることもできるでしょう。

トレーニングは一つひとつのメニューの価値を見極めながら行ってください。

大勢に影響がないメニューだからと、サボってばかりいたら、当然、最終目標は果たすことができません。ポイント練習などの重要なメニューはしっかりと確実にやり切る。その上で、ほかのトレーニングもできるだけ計画に沿って行えるように努力しましょう。

そのようにこつこつ積み上げていくと、アテネ五輪の金メダリストである野口みずきさんが言っていた、「走った距離は裏切らない（＝トレーニングした分だけ結果がついてくる）」という境地に近づくことができると思います。

Chapter2 06

【トレーニング時】弱点を見つけてつらさを乗り越えよう

純粋な楽しみとして走っている人とは別に、自己ベスト更新やサブ4といった目標を立てた人は、その達成に向けてそれなりにきついトレーニングも行っていく必要があります。週に1回なのか、2週間に1回なのかは、その人のレベルによって変わりますが、そういうトレーニングをこなさない限り、今の自分を越えることはできません。**マラソンに「まぐれ」はない**からです。

きついトレーニングというのは苦しさを知っているだけに、**いざ始めようとすると、腰が引けたり、怖気づいたりしてしまいがち**です。でも、目標達成のためにはやらなければいけないわけですから、そこは覚悟を持って臨むことです。

決してできない内容ではありません。でも、負荷は高いし、心拍数も間違いなく上がる。

それを乗り越えるためには集中し、覚悟しなければいけないのです。「つらいものなんだ」と、よい意味で開き直ることが求められるのかもしれません。

少し考え方を変えて、「今日はどのくらい自分を追い込めるかを試す日だ」とするのもいいでしょう。

自分の弱い気持ちと戦う

たとえば、フルマラソンに向けた30キロ走を行うとします。始めるまではやや気が重くなりますが、ここは腹をくくってスタートするのみです。30キロといっても、スタートからフィニッシュまでずっと苦しいわけではありません。リズムが出てきて気持ちよく感じる局面もあります。

やがて20キロを過ぎると徐々に苦しさが大きくなり、25キロあたりから28キロぐらいまでにもっとも苦しい場面がやってきます。そこが**自分の弱い気持ちとの戦い**です。一番苦しい数キロが始まったら、負けそうな自分に勝てるか、勝てないかを賭けてみてください。ペースを落とさずにそれまでと同じように走れたら勝ち、やはりつらくてスローダウンしてしまったら負け。「今日は自分に勝てた」とか、「あと少しのところで負けた」と、帰宅してからトレーニング日誌につけておくのが効果的です。

何度かそういうやり方を続けると、自分の弱点がわかってきます。苦しさも「このへんで来るな」と予想がつくようになります。最初のうちは5回のうち1回しか勝てなかったのが、次第に3回、4回と勝てるようになっていきます。どんなに能力が高い人でも、最初から全勝はできません。

折れない心はそのようにして作られます。体力や走力が向上するだけでなく、メンタルも強くなる。それが成長しているということです。

自分の成長を知るには、自分のことを理解しておくとともに、トレーニングの目的や狙いもきちんと頭に入れて取り組むべきです。

Chapter2
07

【トレーニング時】
雨や風などの悪条件は チャンスととらえよう

雨が降る日や風が強い日、暑い日や寒い日というのは、屋外で走るのが億劫《おっくう》になります。ただ、日本には四季がありますし、マラソンレースはよほどの悪コンディションでない限り、そういう日にも行われます。

実業団や学生のランナーがどんなに大雨でも練習するのは、レース当日に同じような天気になるかもしれないから経験しておく、という考えに基づいています。もっとも、台風の日や雨で増水した河川付近といった危険を伴う中でのトレーニング、あるいは体調が優れないときの悪天候下でのトレーニングは、もちろん推奨できません。

しかし、**いろいろ状況の中でトレーニングをしておくのは、自分の経験値を高め、レース本番での対応力を磨くためにも重要**です。レスリングの日本代表チームが合宿で早朝に叩き起こされ、そのまますぐにトレーニングを行っている映像を見たことがあります。それも技や体力を向上させるトレーニングというよりは、メンタルトレーニングの一環なのだと思います。

たとえば寒い時期に雨で濡れたままでいると、体温が下がり、体力の消耗が早くなります。走ってみると、路面が滑りやすくなっており、走りにくいことがわかります。暑い日は強い日差しやいつもよりも早いのどの渇きを感じますし、風に関しては追い風と向かい風で苦しさがまったく異なることに気づくはずです。

経験の引き出しが増える機会

そういったことをあらかじめ知っておくと、次のトレーニングやレース本番で生かせます。簡易のレインポンチョで防寒や雨対策をしたり、キャップやサングラスで日差しを防いだりといったギアやアイテムで工夫できます。風対策としてはランニングフォームを少し変えたほうがいい場合もあります。

つまり、少しぐらいの風雨や暑さ、寒さでのトレーニングというのは、**マラソンにお**

けるあなた自身の引き出しを増やしてくれるチャンスです。しかも、そんな悪条件の中でトレーニングをやり切ることができたならば、**よい条件で走ったときよりもはるかに大きい自信を得られます。**

とくに寒い日は走る前の十分なストレッチ、雨に濡れたら帰宅後にできるだけ早くお風呂に入ってカラダを温めるなど、いつも以上に入念な準備とアフターケアが必要です。

それでも「悪条件下でのトレーニングはチャンス」とポジティブに考えることができれば、「この天候で走るのは億劫だな」という思いは、玄関を出る頃にはいつの間にか消えているはずです。

Chapter2 08

【トレーニング時】トレーニングしたくなる工夫を見つけよう

ランニングはカラダによい。トレーニングを積めば、記録もよくなる。わかってはいても、いつもただ走るだけのトレーニングは飽きやすいものです。とくにキャリアが浅く、走ることが習慣化されていない人ほどそういう傾向にあります。

そんな人は、練習したくなる工夫を自分なりにしてみてください。

たとえばシューズやウエアといったギアにこだわるのもひとつの方法です。これを履いたらスイッチが入る。これを着たらテンションが上がる。そんなギアを用意し、気分を高めてトレーニングに入っていくわけです。

2007年の第1回東京マラソンをきっかけとして、街中にはランニング専門ショップが増えました。関連商品は多様化し、走る際とくに重要なシューズやウエアは、専門ショップで店員に聞けば、自分に合った機能的な商品を紹介してくれます。キャップやサングラスなども多彩なラインナップが店頭に並んでいます。

今後、商品を新調するときは、その商品が自分に合った機能であることはもちろん大切ですが、ぜひデザインにもこだわってみましょう。近年のランニングのギアはだいぶファッショナブルになりました。ひと昔前のようにサウナスーツを着て、汗だくで走っている人はほとんど見かけませんし、今ではランニングの格好をして電車に乗っても変な目で見られることはなくなりました。

女性がワンピースで、男性がスーツでオシャレをするのと同じように、洗練されたデザインのランニングウエアでオシャレをして街や公園を颯爽と走るのは、なかなかカッコイイものです。

シューズやウエアを複数持っており、**気分によって選べるのであれば、さらに楽しくなり、練習したくなる気持ちも沸きやすい**かもしれません。

自分のスイッチが入るギアを見つけて、トレーニング前に気分を高めよう

コースの変化を楽しむ

練習したくなる工夫としてもうひとつ挙げるなら、トレーニングコースをいくつか持っておく、ということです。

いつも決まったコースを走ることで、その日の調子やレベルアップの度合いがわかりやすいというメリットがあります。しかし、一方で、同じコースばかりというのはマンネリ化しやすいデメリットもあります。いくつかのコースがあれば、「今日はこっちに行こう」「明日はあのコースにしよう」と選ぶ楽しさも出てきます。

コースは景色が違うだけでなく、距離が違ったり、アップダウンや階段があったりと、**バリエーションに富んでいたほうが気分転換に加え、高いトレーニング効果も得られて一石二鳥**です。

「走りたい」という気持ちを持てるようになると、トレーニングが単なるつらいだけのものではなくなり、目標達成に大きく近づくことができるでしょう。

Chapter2 09

【トレーニング時】「距離」ではなく「時間」で考える

42・195キロのフルマラソンに向け、実戦に近い仕上げのトレーニングとして行う30キロ走は、オーソドックスなメニューのひとつです。

ただ、42キロとか30キロと聞くと、とてつもなく長く感じませんか？

そこで頭を切り替えて、距離ではなく、時間で考えるという方法があります。**苦しいときの残り5キロは、まだまだ長い道のりです。それを「あと30分我慢しよう」と思えば、意外に大変な気がしません。**

極端に言えば、レースでも最初から使える手法です。「まず30分しっかり走ろう」と意識してスタートし、30分経ったら「ここからの30分は……」と数回繰り返せば、ゴールが近づくわけです。

私は先日、テレビ番組の企画で100キロのウルトラマラソンに出場しました。フルマラソンは今でも月に1回以上走っていますから問題なく走れますが、ウルトラマラソンは実に14年ぶり。忙しかったこともあり、トレーニングで一番長く走ったのは50キロでした。

本番まで1週間を切っても、トレーニング量は足りていませんでしたから、ちょっと自信を持てない状態でした。とはいえ、そのタイミングで長い距離を走って故障してしまったら、スタートラインに立てないというリスクもあります。

長さに耐えるトレーニング

そこで、故障しないでできるトレーニングということで、レース4日前に都内を10時間ぶっ続けでひたすら歩きました。普段はせいぜい20キロか30キロしか走っていませんから、本番での100キロという長さにおそらく耐えられない。その**長さに耐えることを目的としたトレーニング**でした。

スマートフォンを持って、音楽やラジオを聴きながらウォーキングしたので、飽きることはありませんでした。約54キロ、ノンストップで歩きました。

本番前に10時間という長い時間を動き続けられたことは大きかったと思います。実際、自信を持ってスタートラインに立てました。長い時間を歩くと、肉体的には脂肪燃焼の体質に変わるので、カラダが絞れ、エネルギー切れしなくなるという効果も期待できますが、私にとっては7割ぐらいはメンタル強化のためのトレーニングになった感覚があります。結局、本番のレースでは13時間以上を、エイドステーションで立ち止まる以外は最後まで走り続けることができました。

これは**フルマラソンでも生かせる考え方**です。サブ4を目標にしている人は、4時間を歩く。自己ベスト更新を目指す人は、その時間を歩き続けます。距離は42・195キロにおよばなくても、長く動き続けるという時間の感覚が身につきます。

「距離」ではなく、「時間」の感覚を磨く。それによって長いレースを戦い抜くためのメンタルもずいぶんと鍛えられるのです。

Chapter2 10

【トレーニング時】100パーセントを出し切れる走り方を見つけよう

ランニングはひとりでもできますし、誰かと一緒に走ることもできます。トレーニングではどちらのほうがいいのでしょうか。

これはそれぞれにメリットがあり、どちらがいいとは言えません。

日頃、会社や家庭で常に誰かがそばにいて、たまにはひとりの時間を持ちたいという人は、やはりひとりで走るのがいいでしょう。**ひとりで走ると、誰かに合わせる必要がなく、マイペースで走ることができます。**自分のやりたいトレーニングを、好きなだけやっても問題ありません。考えごとをしたり、何かアイデアを出さなければいけないときなども、ほかに誰もいないほうが自分の頭の中を整理しやすいと思います。

五感もひとりで走っているときのほうが研ぎ澄まされます。「ふくらはぎが張ってきたな」とか「腰にちょっと違和感があるぞ」というのは、ほかのランナーがいるとそちらに意識が行ってしまい、意外に気づかなかったりします。ひどくなるとそれが故障につながりますから、**自分のカラダの状態をきちんと見極めるには、ひとりのほうがいいわけです。**

これに対して、**誰かと一緒に走るメリットは、苦しいときに励まし合える**という点です。同じぐらいのレベルのランナーであれば、切磋琢磨しながら互いに高め合えるかもしれません。**ライバルの存在は自分を高める上でとても重要**です。

市民ランナーにとって、自分が持っている力をトレーニングで100パーセント出し切るのは並大抵のことではありません。でも、ひとりでは50～60パーセントしか出せないところを、誰かと競い、競り合うことによって、70とか80まで引き上げることが可能です。

複数で走る動機づけ

自分よりも速い人と一緒に走れるなら、ひとりではなかなかできないスピードを体感できたり、**今までやったことのないトレーニングにチャレンジできる**可能性もあります。逆に自分よりも遅い人が一緒でも、その人にアドバイスしてあげつつ、自分のランニングフォームなどを見直すことができるはずです。

それ以前に、「一緒に走ろう」と決めたのなら、そう簡単に約束を反故《ほご》にはできません。行かないとその人に申し訳ないから、という理由でトレーニングを行うというのは必ずしも前向きな動機づけとは言えませんが、ひとりでは重い腰が上がらないのであれば、誰かと一緒に走るというのもひとつの方法です。

大勢で走ると、楽しさはもっと大きくなります。市民ランナー向けのランニングサークルは全国各地に多数存在しています。ランニング仲間が増えれば、それだけ**ランニングへの向き合い方が自分と近い人が見つかりやすく、さまざまな情報交換もできます。**タイムの向上とは別に、ワイワイやることの楽しさも重視しているなら、ひとりよりも少人数、少人数よりもサークルの仲間と走るのがおすすめです。

サークルは、市町村発行のパンフレットやインターネットなどですぐに検索できます。ひとりで走るのが寂しくなったり、限界を感じたりしたら、ランニング仲間を作りましょう。

Chapter2
11

【トレーニング時】レースは「楽しく走ること」の延長線上にある

市民ランナーの多くは、何カ月か先のレースにエントリーをし、それに向けて「トレーニングを頑張ろう」と走っていると思います。レースは楽しいですし、モチベーションを高く保つには、とてもよい方法だと言えるでしょう。

ただ、私は、市民ランナーのみなさんには、できることなら**「楽しく走ることの延長線上にレースがある」**という思考を持ってほしいと思っています。毎日ではなくとも、週に何回か走ることが自分のランニングの基本であり、そのご褒美としてたまにレースに出場する。もっと言えば、**日々走ること自体がランニングであり、そのこと自体が楽しいと思えるのがマラソンにおける究極のメンタル**だと。そんな考えからランニングが習慣化されると、「トレーニング」だと身構える必要もなくなります。

突然ですが、**みなさんは何のために走る**のでしょうか？

健康や自分の人生を豊かにするため、という人が多いはずです。日々のストレス発散やダイエットも広い意味ではそこに含まれます。しかし、走り始めたときから「自己ベスト更新」や「サブ4」といったタイムの目標があったという人は少ないでしょう。今はそれらの目標を持っていたとしても、自分の健康やランニング以外のことを犠牲にしてまで、達成したいという人は皆無だと思います。

自分の人生を豊かにする手段

ある程度のキャリアを積んだ人ほど、タイムという目標に縛られがちです。せっかく走るならよいタイムで完走したいという気持ちもよくわかりますし、それに向かって厳しいトレーニングを重ねることも価値があります。ただ、レベルが上がるほどタイムの更新はむずかしくなり、目標を完遂できないままゴールを迎えるレースが増えていきます。そういうときに楽しさはなかなか見出せません。

トレーニングに行き詰ったときなどはとくに、初心に帰ってみることが必要になります。

「自分は何のために走り始めたのか」と自問してみてください。

ランニングを通して健康な心身を手に入れたり、人生を豊かにしたいのなら、大切なのは継続です。たとえば、東京マラソンに応募したらたまたま当選したので1回だけチャレンジしたけれど、その後は何もやらなかったという人が少なくありません。まったく経験しないよりはいいのかもしれませんが、健康を含め、本当に自分の人生を豊かにしようと思うのなら、走ることはずっと続けていくべきです。

そうして走ることが自分の習慣となり、ご褒美としてお祭り気分を味わえるレースにエントリーする。そんな市民ランナーが増えることが、ランニングコーチとしての私の究極の願いでもあります。

marathon

Mental strengthening method

Chapter 3

いざ、レース本番！ メンタル調整法

いざ、迎えた本番のレースでは、緊張や不安はつきもの。
想定外のアクシデントに見舞われることもあります。
そんなときは、ちょっとした工夫でレースが充実したものになる。
長いレースを乗り越えるポイントとは?

Chapter3 01

【レース前】本番前の緊張とどうやって向き合う？

いよいよ週末にレース本番を迎えるという頃になると、楽しみな反面、緊張感も次第に高まっていくはずです。初レースというビギナーはもちろん、**初めて走るコースだったり目標タイムが明確だったりすることも、緊張を高める要素になります。**

多くの市民ランナーは、頻繁にレースに出場しているわけではありませんから、本番を迎えるたびに緊張感が伴います。それも徐々に慣れてはいきますが、私の経験上では、走歴3年ぐらいまでの人は毎回、緊張するのではないでしょうか。

ある程度キャリアを積んだベテランでない限り、本当の意味での「ファンラン（楽しむことを最大の目的とする走り）」はできないような気がします。

普通に仕事をしながら日常生活を送り、週末が近づいてくるにしたがって緊張してくる。

私はそれを悪いことだとは思っていません。というのも、レースはそれまで一生懸命やってきたトレーニングの発表の場であり、目標にしてきた舞台です。それに向けて**緊張することで、生活パターンをきちんとしようという気持ちが働く**からです。

暴飲暴食や深酒はしなくなるでしょうし、道を歩く際も段差などにいつも以上に気を配るはずです。お酒好きでも、レース前は禁酒をするという人も少なくありません。

レース当日への最後の1週間あたりは、そのような意識した生活ができますから、**ほどよい緊張感は絶対にあったほうがいい。無理やり解消しようとする必要はない**と思います。

ただ、レースが近いことを過度に意識しすぎて、いつもと違いすぎる生活を送るのもよくありません。寝る時間や起きる時間を極端に変えてしまったり、食事の時間やメニューを急に〝アスリート仕様〟にしたところで、数日後のレースではそれほど多大な効果は望めないでしょう。

レース前のコンディションの整え方

よく「レース前日にお酒を飲むのはよくないのか」という質問を受けます。アルコールは体内の血流循環をよくし、精神的なストレスを発散させてくれる利点があります。しかしその反面、胃腸や肝臓には負担をかけますから、走ること自体が肝臓に多少の負担をかけるマラソンの前には、飲酒はほどほどにしておくのが賢明です。

とはいえ、個人差はありますが、ビールの中瓶を1本ぐらい飲んだぐらいで肝臓が痛むわけではありません。ビールは飲み過ぎるとトイレが近くなりますし、アルコールそのものが体内の水分を奪います。脱水症状でスタートラインに立つといったことがないように、**レース前日は飲み過ぎに注意する**というスタンスでいいでしょう。

レース数日前からお酒を断つ人は、どちらかと言えば「願掛け」を目的にしているケースが多いと思います。好きなものを断って今回はこれに懸けている、何かひとつを犠牲にすればほかのひとつを得られるんじゃないか。そんな心理が働いていると思います。

もちろん、アルコールを抜くことでカラダはスッキリしますが、メンタル面で考えると、レース前はほどよい緊張をしつつも、**いつもどおりの生活を送る**ことが大切です。

Chapter3 02

【レース前】自分の限界点をあらかじめ決めておこう

自分以外の外的要素がメンタルに影響をおよぼすことがあります。

これはマラソンのビギナーや初級レベルの人ではなく、ある程度経験のあるランナーによくあるケースです。その原因は自分自身にあるのではなく、まわりからの期待であることが少なくありません。

何度かレースに出場し、それなりによい結果が出ると、家族や友人、ランニング仲間は「次はどのくらいのタイムを狙うの？」「もっと行けるよ、頑張って！」と声をかけてきます。そこには決して悪意があるわけでも、プレッシャーをかけようとしているわけでもなく、心から応援してくれています。ひとりの市民ランナーだった立場が、**いつの間にかファンの期待を背負うアスリートのようになってしまう**のです。

期待されたり、応援されたりするのは最初のうちはうれしいし、モチベーションにもなります。でも、周囲の思いが強すぎると、当人にとっては大きなプレッシャーに変わります。それは、初レースや2度目、3度目くらいのレースで緊張するビギナーのプレッシャーとは違った種類のプレッシャーです。

レースが自分の楽しみでなくなっているだけならまだしも、失敗できない、失敗したらどうしようという緊張と不安のほうがふくれ上がり、純粋にレースを楽しめなくなっていたら、**自分にとって走ることとは何かを改めて見つめ直す必要があります。**

こういったランナーは、とくに30～40代の女性で、すでにサブ4をクリアした実績も経験も豊富な人に多い気がします。地域のサークルなど、ランニング仲間の中でマドンナ的な存在の人は要注意かもしれません。

オリンピックや世界選手権の代表選考レースを兼ねることもある「大阪国際女子マラソン」や「さいたま国際マラソン」は、出場資格のひとつとしてフルマラソンの持ちタイムの基準があり、それぞれ3時間13分以内、3時間15分以内となっています。ハードルとしては男子より低い上、最近は女性の市民ランナーでもサブ4達成者が増えていますから、ちょっと頑張れば届くかもしれないタイム設定なのです。

そこで「あなたなら行けるかも」と、まわりがたきつけてしまう。私たちのランニングクラブ「ニッポンランナーズ」にはそのようなレベルの人が何人もいるのでまだいいのですが、グループの中でひとりしかいなかったりすると、みんなの注目がその人に集まるため、プレッシャーとならざるを得ません。

記録やタイムにこだわらない

厄介なのは、この種のプレッシャーは、経験を積んでいけばうまく対処できるようになるかといえば、そうはならない点です。**頑張れば頑張るほど、求められるハードルは高くなり、さらに大きなプレッシャーがやってきます。**記録はいずれ頭打ちになるにもかかわらず、周囲の期待は無限ループのような状態で続きます。

ですから、そんな状態に追い込まれたら、自分で**「ここまではチャレンジするけれど、これ以上はチャレンジしない」と限界点を決めておく**といいと思います。毎回、毎回、記録を狙うレースばかりに出ていると疲れてしまうので、「3つあるレースのうち、タイムを狙うのはひとつにしよう」とか、「記録を目指すレースとファンランを目的とするレースを交互に行う」といった取り組み方をしてもいいでしょう。

ほかには、走力がある人はペースランナーとして、ほかのランナーのお手伝いをしてあげるのも、自分が目標を達成したときとは別の喜びを感じることができます。

誰でも人の役に立ちたいという意識はあります。自分が記録を更新し、よいレースをすることで家族や友人、仲間が喜んでくれるのも、広義では人の役に立つ立派な行為です。

ただ、そうした目的のための走りでは、どこかで必ず限界がきますし、ダメなときもある。

だからこそ、もっとさまざまな角度からランニングを捉えつつ、**記録やタイムだけでは得られない走る意義を見出してみてください。**

Chapter3
03

【レース前】自分が自信を持てるものを振り返る

トレーニングの理論で言うと、とことん練習を積むのはレースの3週間前までで、カラダ作りはそこでほぼ終わっていなければいけません。そこから1週間ぐらいはリカバリー期として軽めのメニューで疲労を抜き、残りの2週間で本番に向けて体調やコンディションを上げていきます。「ピーキング」というピークを本番に合わせる方法で、トレーニングを計画する際にローテーションで組み立てます。

つまり、本番まで1週間を切ったら、もうジタバタしても仕方がないということです。できたカラダをうまくレースに持っていくだけ。最後にこの練習をやったらタイムがさらに伸びるというような特効薬的なトレーニングなどないわけです。

いくら疲労を抜くためとはいえ、練習量を落とすと「これで大丈夫だろうか」「しっかり走ったほうがいいのではないか」と不安が頭をもたげます。**不安というのは、できて**

いるか、できていないのかわからないから湧き出てくる感情です。ここまでトレーニングを計画どおりに進めてきたのであれば、練習量を落とすことは予定していたのですから、何も不安を覚える必要はありません。

自分自身に言い聞かせる

それでも完璧な準備というのは、そうそうできません。市民ランナーの中で「私は今回、完璧に練習できた」と自信を持って言える人はほとんどいないと思います。

であればどうするか。それまで取り組んできたことの中で、**自分が自信を持てるものを振り返ればいい**のです。たとえば練習の一環として出場した1カ月半前のハーフマラソンで、まずまずよいタイムで走ることができたとか、充実したトレーニングもいくつかはできたとか。そういった振り返りによって、**「自分はああいう走りができる」「つらいトレーニングをしっかりやり切った」と自信を持つ**ことです。

専属のコーチやトレーナーが身近にいれば、顔色や表情、筋肉の状態を見て、今の自分の状態がわかりますし、それに対するアドバイスももらえます。ところが、ほとんどの市民ランナーにはそういう人はいませんから、自分自身で判断するしかありません。

体重の増減や、「なんとなくカラダが重いな」といった感覚はわかるでしょうが、マラソンにとってはカラダが軽いことが必ずしもよいとは限りません。**正確な調子というのは意外に自分では見極められない**もので、これはもう走ってみないとわからない部分が大きいのです。

だからこそ、自信を持つにはその裏づけであるトレーニングを振り返る。あの練習はできた、完璧ではないけれど8割方できた、だから今回のレースも大丈夫だと、自分自身に言い聞かせてください。第2章でトレーニング日誌を書くことが大切だと述べていますが、トレーニングの内容をノートやログに記録しておくことは、こういうときにも生かされていきます。

ケーキにたとえるなら、1週間前にはもうでき上がっているわけです。最後にイチゴの位置をちょっと変えたり、デコレーションを多少加えるだけで、あとは**ケーキが崩れないようにテーブルに持っていく**だけ。そして、美味しいケーキが食べられるまで、ほんの少し待つだけです。

Chapter3 04

【レース前】レース前日はルーティンで心を整理しよう

レース本番を明日に控え、自分に対する期待と不安は最高潮に達しているかもしれません。まずは明日の持ち物をしっかり準備しましょう。ここはルーティンでいいと思いますが、**持ち物を整えていく中でメンタルも整理されます。**

シューズとソックス、ウエアといった走るときに絶対に忘れてはいけないギアはもちろん、天候や気温によって必要なもの、不要なものが出てきます。日差しが強ければ、帽子やサングラスが、寒ければ手袋やアームウォーマーはあったほうがいいでしょう。気温がさらに低い冬場は、長袖シャツやウインドブレーカーが必要な場合もあります。

雨の日は、走っている途中で捨てられる簡易的なレインポンチョ、あるいは80リットルのビニール袋に穴を開けて活用するのもおすすめです。人間は頭が濡れると不快に感じますが、防水素材のキャップを被ると、頭を守ることができます。また、オリーブオイルやベビーオイルも事前に塗っておくと水を弾き、カラダの保温性を保てるので意外に有効です。

ほかにはカラダをケアする消炎鎮痛剤やワセリン、すり傷などの応急処置用として絆創膏、万が一気分が悪くなったときのための飲み薬、エネルギー補給用のサプリメントやアメ、チョコレートなど、そしてそれらを入れるウエストポーチまで揃うと、**気分的にも不安要素がかなり軽減できる**はずです。

最後に忘れがちなのが、大会事務局から送付されてきたハガキなどの関連書類や、事前に引き換え済みのゼッケン、タイム計測用のＩＣチップなどです。当日会場で慌てないためにも、前日のうちにゼッケンはウエアに、ＩＣチップはシューズに装着してしまってもいいかもしれません。

用意するものに関しては、レースのたびに一から準備してもいいのですが、何度もレースに出場している人、これから出場していきたい人は、セットにしてまとめておくと便利です。前日はそのセットを開けて、**足りないものは補充し、新たな物を加え、必要ないものは抜けばいい**ので、手間は省けます。あらかじめ持ち物のチェックリストを作成しておくのも、忘れ物をなくすという点で効果的です。

大工さんが鉋《かんな》の刃をていねいに磨くように、マラソンランナーにとってもギアは重要です。当日レース会場に着いて、○○がない、○○を忘れたというだけで気持ちが落ち込み、実際の走りにも悪影響をおよぼしかねません。前日のうちに一つひとつ抜かりのないよう、しっかり確認しておいてください。

前日夜の食事は、ご飯、パスタ、おもちといった走るエネルギーとなる炭水化物を中心にとるのがいいとされています。アルコールはほどほどにし、お腹を冷やさないように、冷たいものよりはお湯割りなどのほうがベターです。

食べる時間帯としては、寝る直前はあまりよくありません。胃の中に消化中の食べ物があると、神経を休ませることができずに眠りが浅くなるからです。当日のレーススタート時間から逆算し、自宅を出発する時間や十分な睡眠時間、起床時間を考えて、適切な時間に夕食をとるようにします。

スタート前の寒さ対策はOK?

レインポンチョに使い捨てカイロを貼り、カラダを温めておく。カラダが温まったら、給水所で脱ぎ捨てよう

ギアの準備と食事を済ませたら、あとはよく眠ることです。最高のコンディションでレース当日を迎えるには、質のよい睡眠は欠かせません。疲労回復のためには、できれば7時間は眠りたいところです。

ただ、いつもより早い時間にベッドや布団に入る人が多いでしょうし、いざ本番ということを考えると、気分が昂《たかぶ》ってなかなか寝つけないこともよくあります。でも、「眠れない、どうしよう」と不安になる必要はありません。横になって目を瞑っているだけでカラダは十分に休まり、疲労もとれます。

気持ちよく走っている自分や沿道からの応援に笑顔で手を振る自分、ガッツポーズでゴールする自分の姿など、楽しいこと、ポジティブなことを想像していれば、心が落ち着いていずれ眠気がやってくるはずです。

Chapter3
05

【レース前】緊張と不安は言葉で解消しよう

レース前の不安は、大きくふたつの種類に分かれます。

ひとつは具体的な不安で、よくあるのが「故障を抱えている」「体調不良など自分のコンディションが整っていない」ことが原因のケースです。

具体的な不安は、具体的に対処します。テーピングや薬の服用で痛みや不調を和らげることができるなら、それをしっかり行います。故障や体調不良は、よほどひどい状態ならば出場をあきらめたほうがいい場合もあります。無理を押して出場することで、ゴールにたどり着く前に途中棄権を余儀なくされたり、痛みや体調が悪化したりする可能性があります。そこまでの状態でスタートラインに立ったとしても、あらかじめ立てていた目標の達成はまず無理でしょう。

市民ランナーは通常、何カ月か前に大会にエントリーします。数千円とか1万円を超えるエントリー費を払っており、出場を辞退してもそれは基本的に返金されません。とかく「もったいない」という気持ちになり、少しぐらい体調が悪くてもスタートラインに立とうとしてしまいがちです。もったいないと思う気持ちもわかりますが、明らかにゴールするのがむずかしそうなら、レースを辞退する勇気も持つべきだと思います。

もしくは最初から「今日は10キロだけ走ってリタイアする」などと、**棄権するポイントを決めてレースに臨むのもいいでしょう。**その方法ならスタートラインに立つ高揚感を味わいながらも、挫折感や敗北感を感じることなく、レースを終えられるはずです。

もしレースを辞退するとしても、行けるのであれば会場を訪れることで今後のマラソンにつながるヒントを得られるかもしれません。メダルなどの完走賞はもらえませんが、お祭りのような雰囲気に身をゆだねながらほかのランナーを応援すると、自分の次のレースへのモチベーションが高まります。

自分で自分を立て直そう

レース前に感じるもうひとつの不安は、漠然とした不安です。具体的に**何が不安なの**

かわからないけれど、なんとなく不安というケースで、これは完全にメンタルの領域です。

この漠然とした不安は実態のないものですから、具体的な対処法はなかなかありません。持ち物などの準備やトレーニング日誌を見返したりして、「大丈夫」と自分自身に言い聞かせるのが一番だと思います。

強いて挙げるなら、手紙やメール、SNSなどを利用して、家族からメッセージをもらう、ランナー仲間と「明日は頑張ろう」と励まし合うのも力になります。マラソンや一流アスリートの名言集なども市販されていますから、それらを読んで自分に置き換えるという方法もあります。トップアスリートでも戦いの直前は不安を抱えていると知ると、案外安心できたりもします。

いずれの不安も最後は自分の心でどう昇華するか、頭でどう考えるかですから、オロオロしたり、必要以上にプレッシャーを感じたりするのではなく、**「レースを心から楽しもう」という前向きな気持ち**で当日を迎えてください。

Chapter3 06

【レース前】コースをシミュレーションして心を落ち着かせる

レース当日の朝はしっかり食事をとり、時間に余裕を持って会場に向かいましょう。大規模な大会ですと、だいたいスタート時刻の30〜40分前にはスタートエリアに集合し、並んでおかなくてはなりません。

それまでに着替えを済ませ、荷物を預け、トイレなどに行くことを考えると、1時間半くらい前には会場に到着しておきたいところです。荷物を預ける場所やトイレは混雑していることが考えられますから、早め早めの行動を心掛けてください。**「間に合わないかもしれない、どうしよう」と焦るよりは、早いほうがいいと思います。時間の余裕は心の余裕につながります。**

ただ、市民ランナーの中には、3時間とか4時間も前に到着し、ピリピリした雰囲気をまとって、汗を流しながら懸命にウォーミングアップにいそしんでいる人を見かけます。これはメンタル的にも肉体のスタミナ的にもあまりおすすめできません。

まず**汗をかくほど激しいウォーミングアップは、無駄なエネルギーの消費**になります。普段ジョギングをするとき、走るためのウォーミングアップとしてジョギングはしないはずです。まわりの人がやっているから自分もやらないといけないと考えてしまうのか、そういう人はレースが始まると、オーバーペースになりやすい傾向があります。

レース直前のウォーミングアップには、ウォーキングが効果的です。歩くことで脚の筋肉使い、全身の血行がよくなって走る準備が整います。

重要なのは朝からあまりピリピリしないことです。とくにフルマラソンは走っている時間が長いですから、スタート時に少しぐらい眠気があってもまったく心配いりません。スタートして10キロあたりで「あ〜、目が覚めた」ぐらいの心持ちでも十分です。

忘れ物がないかどうか確認した上で荷物を預けて、ストレッチなどやるべき体操をしっかりやって、スタートエリアに向かいます。ただし、冬場や雨の日は「寒い」と感じるだけで、モチベーションが下がりますから、カラダが冷えてしまわないような準備や対処だけは忘れずに行ってください。

調子がよくても、目標値は上げない

せっかくのレースが雨中での開催となると、どうしてもネガティブにならざるを得ません。こういうときも気の持ちようで、「走り始めたら涼しく感じるから、逆にラッキー」と、前向きに捉えるぐらいのメンタルを持てるのが望ましいです。

そして最後に、もう一度、レースのシミュレーションを頭の中で行うと、雑念が取り払われて集中できます。気持ちを落ち着かせる効果も期待できます。今日のレースは全体的にはこんなコースだ、○キロあたりに勾配のある上り坂がある、ポイントは終盤のアップダウンだ……。**コースマップを頭の中でイメージしながら、このペースで行こうという作戦を再確認する**わけです。

天候や気温によっては作戦の変更もあり得ます。気温が予想よりも5度以上高かったとなれば、無理をして予定どおりのペースで行くと最後まで持たないかもしれません。今まででやってきたトレーニングを思えば、本意ではないでしょうが、**ペースを少し遅くしたり、目標タイムを下げたりする判断も必要**になります。

間違ってほしくないのは、**どんなに調子がよいと感じても、もともと掲げていた目標を急に上げてはいけない**ということです。1キロ6分で走れるようなトレーニングを積んできて、今回もそのペースで走るつもりだった。でも、心身ともに絶好調なので1キロ5分30秒で行ってみよう、というのはマラソンにおいては〝無謀〟以外の何物でもありません。**トレーニングでの裏づけがないと、ペースを上げて走り切るのは不可能**だと考えましょう。

トレーニングやこの日に向けた準備を含め、「やるべきことはすべてやった」という清々しい気持ちでスタートラインに立つことができれば、あとは「スタート！」の号砲を静かに待つのみです。

Chapter3 07

Mental strengthening method marathon

【スタート時】走り始めの混雑は想定しておこう

用意、スタート！　それぞれの目標達成に向けたレースの始まりです。

スタートで心の整理に失敗をすると、レース全体が失敗しますから、ここは要注意です。**スタート後に圧倒的に多い失敗がオーバーペース**です。

レースですから自然と気分が高揚しますし、思い切り盛り上がっていいと思います。たとえば東京マラソンですと、号砲とともに大量の紙吹雪が舞い、参加者のテンションはいやがおうにも高まります。どの大会でもスタート近くの沿道には多くの人がおり、応援してくれますから、素直に「楽しいなぁ」という気分を味わってください。

今までトレーニングで何百キロ、多い人は千キロ以上の距離を走ってきて、フルマラソンであれば残るは今から走る42・195キロだけです。最初は誰もが元気ですから、「よ

スタート時、スタート後の混雑を想定し、雰囲気を楽しもう。写真は東京マラソンのスタート地点

し、行くぞ！」と気合いが入るのも無理はありません。

ただ、そういう気持ちとは別に、冷静さは常に持っておくべきです。とくにスタート直後はオーバーペースになっていないかどうかを判断し、しっかりと自分をコントロールする。**「頑張るぞ」という熱い部分と、適格な判断ができる冷めた部分の両方が必要**です。熱い部分だけを原動力に突っ走ったら間違いなく失敗します。

大会の規模によって程度は異なりますが、スタートしてしばらくは渋滞のような状態が続きます。ほかのランナーにぶつかったり、前の人の足を蹴ったりしないように注意するとともに、**メンタル面ではイライラしないことが肝心**です。

スタートのロスはほんのわずか

スタートラインまでのロスタイムは、ほとんどの人が最初から想定していることもあってか、それほどイライラしません。ところが、スタートラインを越えた時点で自分のネットタイムのカウントが始まりますから、そこで混雑していることにイライラしやすくなります。

ノロノロ走法というか、遅々として進まない展開にイライラしてしまう気持ちもよくわかります。ただ、イライラすると、その感情をどこかで吐き出したくなり、前方に少しのスペースを見つけては、そこに割り込むようにスーッとペースを上げてしまいます。そして、また前のランナーと詰まってペースダウンせざるを得ないという繰り返し。**スタート直後だけに限りませんが、マラソンにおいて急なスピードチェンジは絶対に禁物**です。

スタートしてしばらくの渋滞によるタイムロスというのは、レース全体からいうと、ほんのわずかなことでしかありません。約3万人が出場する東京マラソンでも、スタートラインを越えてから普通に走れるまでは、ほんの10分足らず。後で振り返ったら、もう忘れている程度のことです。

最初の1キロのタイムを見て、「遅い、マズい」と焦ることなく、**流れに身を任せながら、おおらかな気持ちで立ち上がりの渋滞を切り抜けてほしい**と思います。

Chapter3

08

Mental strengthening method marathon

【レース序盤】混雑を過ぎたらいつものリズムを思い出そう

スタートしてしばらくすると混雑も緩和されて落ち着き、自分のまわりに徐々に走りやすいスペースができてきます。渋滞の中ではストライドが短くなり、前に詰まる感じだったフォームを少しずつ本来のフォームに戻します。

ここでのポイントは、**トレーニングをしていたときのいつものリズムを思い出すこと。**速すぎるペースにならないように意識しましょう。

本番のレースでは、普段ジョギングしているスピード、目標がサブ4以上の人でも通常のトレーニングで行っているスピードで走ります。トレーニングで走ったことのないスピードは完全なオーバーペースですから、絶対に最後まで持ちません。

いつものリズム、本来のペースというのは、自分の感覚的なものもありますが、レース本番の盛り上がりの中では、どうしても速いペースになりがちです。とくにキャリアが浅い人ほどそういう傾向にありますから、腕時計のGPS機能や1キロ毎のラップタイムでチェックしていくのが確実です。

アップダウンがあればもちろん、ちょっとしたことで数秒のズレはあります。1秒狂わずにすべてきっちり正確なリズムを刻もうとすると、できなかったときに焦りや不安感が生じ、よい結果をもたらしません。**ラップタイムの多少の上下は想定の範囲内**と考え、むしろ上りで心拍数を上げすぎないで走れたか、下りでブレーキをかけないで走れたかといったことに注力したほうがいいです。

自分のペースをつかめたら、それを維持するために、自分と同じような走力レベル、ペースやリズムのランナーを自分のペースメーカーとして利用するのもひとつの方法です。そのランナーの2メートルくらい後方で、背中より少し下のところに目線を置くと、うまく前傾姿勢をとって走ることができます。

もちろんここでも、ペースメーカーを見つけるために自分のペースを上げるのは禁物です。自分のリズムやペースはあくまでも一定に保ち、近くに同レベルのランナーがいれば、引っ張ってもらう方法もあるという程度にとどめてください。

視界からリズムをつかむ

レース序盤の段階ではなかなかないかもしれませんが、前のランナーがペースダウンしてくれれば、「あの人に追いつこう」と元気が沸いてきます。そして、追いつき追い抜いたら「じゃあ、次はあの人がターゲットだ」と別の落ちてくるランナーを目指して、モチベーションを高くする要因にもできます。

たまに、前の人が見えたらダッシュに近い走りで一気に追いつき、またスピードをゆるめるというランナーを見かけます。たいていが初マラソンや出場が2度目くらいの若い男性ですが、女性や年配者に比べてパワーやスピードがある分、目一杯アクセルを踏み込んでいる印象を受けます。

自動車にたとえると、ほかのランナーが高速道路を一定のスピードで燃費よく走っている中、そういう若者は一般道で、信号で止まるたびにエンジンを吹かして速度を上げているわけです。燃費効率がいいのは明らかに前者で、マラソンでも同様です。

もし近くにペースメーカーにできそうなランナーや目標にできそうなランナーがいない場合は、沿道の風景に目を移すのも手です。**流れる景色の速さから「視界」でリズム**

やペースをつかむわけです。

人を基準にすると、相手も動いていますから、刻んでいるペースが必ず一定しているとは言い切れません。そのランナーが**わずかにペースアップしたとき、それに気づかずについていき、あとでボディブローのように効いてくる**こともあります。

そういう意味で、流れる景色は絶対的なものですから、自分のリズムやペースをキープする際の助けになってくれます。

Chapter3
09

【レース序盤】フォームが崩れるとメンタルも崩れる

自分をコントロールできずにペースが乱れると、次第にランニングフォームも崩れ、やがてメンタルも崩れていきます。

マラソンではときどき苦しい場面がやってきますが、想定していた以上の苦しさやつらさに襲われます。「おかしいなぁ。ちゃんと練習したはずなのに」「なんでこの距離でつらくなるんだろう」と、ちょっとしたパニックに陥ることもあるかもしれません。そうなると**判断力が後手、後手にまわり、迅速かつ正確な対処ができなくなります。**

だから**オーバーペースにはとくに気をつける**必要があります。

ただ、逆に自分の予定していたペースだと思って走っていたけれど、実際は遅かったときはどうすればいいのでしょうか？

マラソンは最初から最後まで一定のペースを刻むのがセオリーです。でも、そのまま行けば目標は達成できなくなる。多少のリスクを覚悟でペースを上げるべきか、今のペースを守るべきか、判断がむずかしいところです。

最初の5キロぐらいまで予定より遅いペースに気づいたなら、ここまではオーバーペースをしていないわけですから、中盤以降にうまく走れる場合があります。しかし、中間点あたりまで行って気づいたとなると、遅れた分を取り戻すのはむずかしいかもしれません。ですから**早めに、できれば5キロまでには一度、自分が正しいペースで走れているかどうか確認する**ようにしましょう。

仮に5キロで遅かった場合、次の5キロで遅れを取り戻すというよりも、10キロぐらいかけて取り戻すイメージのほうが、負担が少なくて済みます。**重要なのはあくまでもアベレージですから、急なペースアップではなく、少しずつじわりじわりと、感覚的にはペースアップしたことさえもわからないぐらいの感じで十分**です。

たとえば5キロで想定より1分遅かったとします。1キロあたり12秒遅かったので、これを5キロで取り戻そうとしたら、1キロ6分30秒だったところを6分18秒にしないといけません。これはかなりのペースアップであり、5キロ続けるのはかなり高い難易度です。しかし10キロで取り戻せば、1キロ6分24秒でいいわけです。市民ランナーのペースですと、1キロ6秒程度の違いはそれほど大差ではありません。

ランニングフォームやメンタルを崩さないためにも、**ペースをきちんと守ることが極めて重要**です。

Chapter3 10

【レース全般】群衆を客観的に冷静に見つめよう

スタート直後もそうですが、レースが始まって数キロごとに設置されている給水所でもランナーが密集し、必ず混雑します。多くのランナーは我先にとテーブルに近寄り、水やスポーツドリンク、食べ物をとろうとします。

この場面でそういう人たちと同じような動きをすると、**スムーズにとれなかったときに「まずい、失敗した」とかイライラといったマイナスのメンタル**が生じます。メンタルが落ちるだけでも走りには悪影響ですが、ほかのランナーやテーブルへの接触や転倒などによって、ケガをしてしまう危険性も高まります。

メンタルの急落やアクシデントのリスクを考えたとき、とるべき正しい行動は**密集や混雑に紛れ込まないこと**です。

一度でもレースに参加したことのある人ならご存知でしょうが、各給水所ではテーブルが数十メートル、大規模な大会では１００メートル以上の長さで設置されています。ところが、ランナーの多くは走ることに集中しすぎているせいか、給水所を見つけると、手前のテーブルに一気に近づいていきます。混雑してしまうのは当然です。

ここで**冷静に遠くまで見渡せば、先のほうのテーブルはほとんど混んでいない**ことがわかります。ドリンクや食べ物はとりやすく、接触や転倒の心配もありません。

カーブに差し掛かった局面でも同じことが言えます。最短距離を行きたいという人間の心理から、どうしてもインコースに寄りたくなります。まわりに人が少ないときはそのコースどりで間違いありませんが、序盤などの人がまだ多いときには、みんながインコースに寄ると密集し、混雑します。給水所の手前のテーブルと似たような状況が作られるのです。

そういったときにメンタルが優れたランナーは、インコースに寄りません。**多少遠回りすることになっても、人が密集していないコース**を選んで走ります。遠回りといっても、それほど距離に違いが出るわけではありませんから、それよりも自分が気持ちよく走れるコースを選択したほうが、レース中盤や後半にもよい流れをもたらします。

マラソンはそういう意味でもメンタルが重要視されるスポーツです。大人の目というか、**まわりをきちんと見渡して、今の状況を俯瞰《ふかん》で捉えられる思考が欠かせません。**経験豊富なベテランのランナーがレースで大きな失敗をしないのは、「先は長いのだから」と大らかな気持ちでいられるからだと思います。そして、そういう走りを最後までできる人が、目標を達成できるケースが多いのも事実です。

もちろん、レース中は自分の走りに集中しますが、**集中しながらも周囲のランナーや沿道の人を観察できるくらいのゆとりを持つ。**客観的な目やゆとりのある思考が身につけば、群集心理に巻き込まれることなく、自分の走りを淡々と貫くことができるでしょう。

Chapter3
11

【レース全般】3分割することで〝30キロの壁〟を意識しない

フルマラソンではよく「30キロの壁」という言葉が使われます。

市民マラソン大会では、30キロを過ぎてから走るスピードがガクンと落ちてしまったり、歩いてしまったりするランナーがたくさんいます。トップ選手が競うレースではさすがに歩く選手はそういませんが、一気にペースダウンしてしまうことは多々あります。

そこまで走ってくれば当然、足やひざ、股関節や腰をはじめ、上体や腕を含めて全身に疲労が蓄積しています。カラダがしっかりできていない初級レベルのランナーは、すでに各所に痛みを感じているでしょう。一定のペースを刻んでこられたとしても、心拍数は上昇し、苦しい呼吸になっている可能性もあります。

そういった変化が30キロあたりで顕著に表れるので、一般的に「壁」と捉えられるのです。

コース全体を3分割する

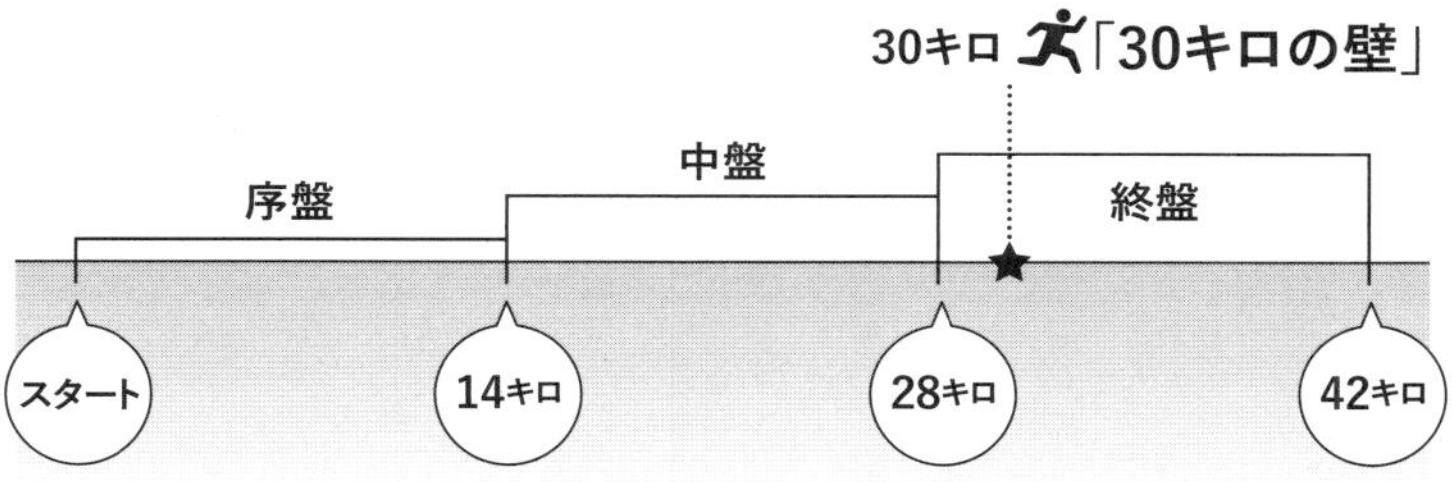

42キロを14キロずつ3分割することで「壁」と言われる30キロ地点への意識を軽減することができる

そこで「30キロの壁」を破るメンタルコントロールとしておすすめしたいのが、**コース全体を3分割するという考え方**（図）です。

フルマラソンは42・195キロ。ここで端数の0・195キロは切り離して、全体を42キロと考えます。これを3分割すれば、14キロ×3です。**単純に42キロという数字だけ見ると、とても長く感じますが、14キロまでを序盤、28キロまでを中盤、フィニッシュの42キロまでを終盤と考えると、長く感じません。**

そして、終盤は28キロ以降ですから「さあ、終盤も頑張ろう」と気持ちを切り替えて走っていると、いつの間にか30キロ地点は過ぎているという仕組みです。30キロ、30キロと構えてしまうと、意識せずとも「壁」がそびえてきますから、ここはもう「スルー」してしまうくらいの心持ちでいてください。

タイムの計算をしやすいため、5キロ、10キロ、15キロ、20キロ…と、5の倍数の地点で一区切りと捉える人が多いと思います。最近はGPS機能のついた時計が増えていることもあり、1キロ毎に時計を見てタイムを確認するランナーも増えました。

自分のペースが予定どおりなのか、5キロあたりで見ておくのはいいとしても、それを1キロ毎にやっていたらレースがものすごく長く感じてしまいます。

そうしたメンタルに陥らないためにも、**14キロ、28キロと、普段はなかなか意識しない数字で区切るのが有効**なのです。レースではたいてい1キロ毎にキロ表示がされていますが、**スタート前にコースマップで14キロ地点と28キロ地点付近にあるランドマークを見つけておく**といいでしょう。そのランドマークを目標に走ることができます。

区切ることで意識を変える

14キロまでの序盤区間はウォーミングアップのつもりで走ります。28キロまでの中盤区間に入ると、最初のうちはリズムも出てきて、気持ちよさを感じながら走れているはずです。ただ、中間点を越えてしばらくすると、次第に苦しさも出てきます。28キロ以降の終盤区間は全身に疲れが溜まり、場合によっては痛みもあるかもしれません。そこはつらさの波がゆるやかになる局面をうまく利用しつつ、残りのキロ数が減っていくことを励みにします。フィニッシュまで残り5キロを切れば、再び元気が出てきます。

なお、21・0975キロを走るハーフマラソンには、フルマラソンの「30キロの壁」に相当する「壁」はありません。もちろん、ハイペースで走った場合には苦しくなる場面がやってきますが、フルマラソンのためのトレーニングをしっかり積んでいて、かつフルマラソンを走るぐらいのペースで走れば、ハーフマラソンでは余裕を持ってゴールまで行けてしまいます。

それでもマラソン初心者や距離に不安を持っている人は、ハーフマラソンを3分割する方法も役に立つはずです。全体を21キロとし、7キロまでを序盤、14キロまでを中盤、フィニッシュまでを終盤と考えます。終盤区間に入る14キロまでにかなり余裕を持つことができれば、フルマラソンを攻略できる日も近いと言っていいでしょう。

Chapter3 12

【レース中盤】
中間点をレースの〝半分〟だと思わない

10キロを過ぎ、レース全体を3分割で考えるなら、14キロあたりから中盤区間に入っていきます。

この日までにしっかりとトレーニングを積み、万全の状態でスタートし、序盤区間をうまく乗り切っていれば、ある程度自分のペースはつかめているはずです。とても気持ちよく走れている頃でしょう。この後はさらに調子が上がってきます。

仮に冬場の寒い日でもカラダはすでに十分に温まっていますし、雨や風などの悪条件下のレースだったとしても、ここまで来ればだいぶ慣れてきています。頭もかなりクリアに働いている状況だと思います。

しかし、**15キロ前後で苦しいと感じていたら、中盤や終盤がかなり心配**です。

オーバーペースなのか、体調が優れないのか、どこかに痛みがあるのか。いずれにしても何か手を打たなければいけません。ペースを一旦確認し、想定より速かったら予定していたペースに戻してください。体調やケガなど原因がはっきりしているなら、冷静にその対処をしましょう。場合によっては救護所で処置をしてもらう必要もあるかもしれません。

エネルギー不足ということも考えられます。体質にもよりますが、スタートから何も補給せずに走り続けると、15キロくらいで血糖値が下がると言われています。

低血糖時の典型的な症状は、頭がボーッとし、集中力が低下します。カラダが思うように動かなくなることもあります。そうなってからではリカバリーはむずかしいため、スタート前の食事やレース中の補給食が重要になるわけです。

疲れている中での21キロは別物

14〜15キロでの調子が、その後のレースに向けての判断材料になっていきます。

そして、しばらく走っていくと、中間点がやってきます。フルマラソンでは21・0975キロ。コース上には「中間点」とか「ハーフ」といった表示がされています。

市民ランナーはこの地点に差し掛かると、「よし、半分まで来た！」と喜びます。露骨に喜ばないまでも「あと半分」と安心感を持ったり、「残り半分も頑張ろう」と気を引き締めたりする人は多くいます。**走っている最中にポジティブな感情になるのはよいことですが、ここでは「半分まで来た」という認識は大きな誤り**です。

中間点は距離でいえば、確かに半分です。ただ、元気な状態で走り始めた21キロと、これまで21キロを走ってきて、**疲れている中で走り始める21キロはまったく別物**です。中間点を中間点と思ってはいけない、中間点を単純計算で半分が終わったと捉えない、という理由はそこにあります。後半のほうが必ず長く感じます。

これはタイムの設定に関しても同様です。たとえば目標を4時間30分とした場合に、中間点の通過が2時間15分だったら、少し遅れていると考えるのが正解です。残りの半分を同じタイムで走り切れる可能性は低いからです。

もちろん、中間点までをよほど抑えたペースで走り、後半にペースアップできる自信があるとか、前半は向かい風で後半は追い風といった特別なコンディションだったときなどに、後半のタイムが前半のタイムを上回ることがないわけではありません。トップランナーの中には、そういう走りを戦略的にする選手もいます。

ただ、市民ランナーは一定ペースを刻むのが基本です。しかもそれも完璧なレース運びをできた場合に完遂できるのであって、普通はどうしても後半にペースが落ちます。タイム設定もそれを計算して行うべきで、フィニッシュの目標が4時間30分なら、中間点は2時間8〜12分で通過したいところです。

厳密にこの地点とは断言しづらいのですが、**28〜30キロあたりまで来たときに、「半分まで来た」という感覚を持っていいのではないでしょうか。**

Chapter3 13

【レース終盤】
レース中、歩くことは負けたことにはならない

レースで中間点を過ぎ、３分割でいう中盤区間の終わり（28キロ）に近づくと、もっとも苦しい局面に入っていきます。ここはできれば我慢して、苦しさの波が落ち着くのを待ちたいところですが、「ペースを少し落としたい」というときもあります。すごくきつければ、「歩きたい」という思いに駆られるのは仕方がありません。

本当に疲れて、このペースを守れそうにないとなったら、ペースをゆるめる。あるいは、これ以上走れないとなったら、一旦歩くのもＯＫとします。

ただし、何もないところで急にガクンとペースを落としたり、歩き出したりすると、なんとなく負けたような気分になってしまいます。

都市部でのレースなど、沿道からの声援が多いところでは、歩いていると「頑張れ！」

と応援されます。見ている人にとっては、「あの人は疲れているから、元気づけてあげよう」という純粋な気持ちからの応援です。でも、実際に疲れている当人にとっては「はぁ、ありがとうございます。でも、つらいんです」というのが本音で、苦笑いを浮かべるしかありません。身体的なつらさに加え、やるせなさのような思いも出てきます。

そういうときには、**給水所でペースを落とす、あるいは歩くことをおすすめします。**

トップランナーのレースでは選手は給水所でもスピードを落とさず、颯爽と駆け抜けていきますが、市民マラソン大会では多くのランナーが止まったり、歩きながら水をとっています。**給水所でのこうした動きは、まわりからも「疲れているから歩いている」とは見られませんし、自分自身も不思議と負けた気分になりません。**そんな心理を利用するのです。

よくレースで、「今日は最後まで歩かずに完走できました」と言う人は、たいてい給水所での歩行は「歩いたこと」に入れず、給水所以外で歩かなかったことを「完走」と言います。「今日は途中で歩いちゃった」と言う人は、給水所以外のどこかで歩いてしまったことを言っており、敗北感とともに「負けた」という感想が残ります。

前者のように、給水所での歩行は負けた気持ちにはなりませんし、レースによって違いはありますが、**給水所は約3〜5キロ毎に1回設けられます。たとえば、3キロで数十秒から1分ほど休むだけでかなり回復**します。このとき完全に立ち止まるのではなく、あくまでも歩きながら給水をとり、歩きながら水を飲むことがポイントです。筋肉を冷やさないためにも、完全に立ち止まるのはあまりよくありません。

心とカラダを休ませる

タイムのことを考えると、給水所で歩くのもタイムロスなので、できれば歩きたくないと思われるかもしれません。もちろん、ペースを維持して走り続けられるのであれば、そうしたほうが自己ベスト更新の可能性は高まります。より高いタイムを目指すランナーにとっては、給水所のたびに歩いていたら目標達成は厳しくなります。

ただ、たとえばサブ4（4時間切り）を目標にするランナーは、1キロあたり5分41秒が平均になりますが、実際には5分30秒ぐらいで1キロにつき約10秒の余裕を持って走ります。5分30秒ペースをきちんと維持できていれば、3キロで33秒、6キロで1分6秒の

給水所をうまく利用してカラダを休ませることも、全体のペースを守り抜くコツ

貯金ができるわけです。

5時間を目標にする場合では、単純計算では1キロ平均は7分7秒。実際は6分55秒ぐらいで行きたいので、そのペースを守れていれば3キロで36秒、6キロで1分12秒の貯金ができます。しかも完全に立ち止まるわけではなく、歩いて前に進んでいれば、仮に1分歩いても1分のロスにはなりません。

つまり、**全行程を考えれば、少しぐらい歩いたからといって大きなマイナスにはならない**ということです。それよりも落ち着いて水を飲んだり食べ物を食べたりしながら、**カラダや脚を休ませるメリットのほうがはるかに大きい**のです。

給水所でペースを落としたり、歩いたりする。本当にきつくなった場面ではぜひ取り入れ、心とカラダをリフレッシュさせてください。

Chapter3 14

【レース全般】
アクシデントは冷静な判断力で乗り切る

いかに周到な準備をしていても、調子よく走れていたとしても、レースでは予期せぬ出来事が起こります。**アクシデントに冷静に対処できるかどうかで、そのランナーのメンタルの強さや対応力の高さ**がわかります。

アクシデントとまでは呼べないまでも、よくあるのがトイレの問題です。トイレに行きたくなると、集中力は散漫になります。通常、コース上には仮設を含め、たくさん設置されていますから、トイレがなくて困るという心配はまずいりません。

ただ、スタートから序盤にかけてのトイレは非常に混み合います。とくに冬場や寒い日のレースでは、スタート直前に並ぶ時間が長くカラダが冷えてしまい、トイレに駆け込むランナーが増えます。生理現象ですから仕方のない面はありますが、立ち止まって長蛇の列に並ぶのは、筋肉にとってもタイムロスを考えても得策ではありません。焦りも出てくるので、メンタルにとってもよくないのです。

5キロあたりを過ぎれば、トイレも徐々に空いてきます。多少我慢できるのであれば、先にある空いたトイレを利用することをおすすめします。なかにはトイレを貸してくれるコンビニエンスストアやお店もありますから、利用した際にひと言「ありがとうございます」と伝えれば、晴れやかな気持ちでレースに復帰できるでしょう。

レース中のアクシデントで多いのは、ケガやカラダの痛みです。

もともと痛めていたとか、今までにも経験があるというケガであれば、落ち着いて対処できると思いますが、突発的に、まったく初めての箇所だとしたら不安を覚えたり、パニックに陥ったりするかもしれません。

よくあるケガのパターンや、その原因と対処法は第4章で詳しく解説しますが、共通して言えるのは、一旦落ち着くということです。**疲れが蓄積するレース後半になってくると、判断力が鈍り、痛みの度合いが症状の深刻さを表していないこともあり**

ます。かなり痛むけれど、実際は大したケガではないことがよくあるのです。

立ち止まって深呼吸をしたり、軽くストレッチをして痛みを抑える。ペースを落としたり、歩いたりすることで痛みを和らげる。救護所に行って治療してもらう。走るのは無理なのであきらめて棄権を決断する。体調不良になった場合も同じことが言えますが、**突発的なケガや痛みが起きたら、まず冷静になって、どうすればいいのか正しい判断を下すことが重要**です。

一つひとつクリアすることの面白み

一旦落ち着くというのは、たとえば転倒してしまったり、天候が急に変化してきたりといった緊急事態にも有効です。

レース中に転んでしまうのは意外に少なくありません。道路の突起物や段差につまずいたり、水たまりやマンホールの蓋などで滑ったり、ほかのランナーとの接触や脚が絡んだりすることが原因です。その多くが、疲れて頭がボーっとしているレース後半に起きます。

このとき深刻なケガもなく、すり傷程度で済んだなら、「仕方ない」と開き直って立ち上がり、また走り出せば終わります。転ぶ瞬間というのは、人間は反射的にカラダに力が入ります。極端に言えば、転ぶことで目が覚めたり、ボーっとしていたのがなくなって元気になったりすることもあります。何事もポジティブに捉えることです。

天候の急変も、「どうしよう」とか「予報と違う」と不安になるのではなく、考え方次第です。気温が上がったり日差しが強くなったら、給水所で水をより多く飲み、カラダにも水をかけるとか、できるだけコース上の日陰を走るようにすればいい。気温が下がったり雨が降ってきたら、走りやすくなりますからラッキーと考えればいい。まさに「恵みの雨」というわけです。

人生と同様、**マラソンレースにアクシデントはつきものです。これを一つひとつクリアしていくところにマラソンの面白さ**があるとも言えます。危機が起きたときに動揺するのではなく、最善の策を探りながら立ち向かってください。問題が解決すればそれは自信になり、栄光のゴールへ向かって気持ちの面でも勢いがつくはずです。

Chapter3

15

【レース全般】

レース中、気分転換のポイントを用意しておく

マラソンでは、**「飽きる」**ことが起きます。走る動きそのものの単調さゆえとも言えますが、これは**ほかのスポーツではあまりない現象**だと思います。

もちろん、走ることは大好きなので飽きることなどないと言う人もいます。

東京マラソンのようにコースがバラエティに富み、沿道ではスタートからゴールまでほとんど人が途切れることなく応援してもらえるという場合は、まず飽きたりしません。大都会でのレースは、どちらかと言えば、そうした〝飽きにくい〟コースが多いかもしれません。

ところが、飽きてしまう人は早ければ10キロ地点ぐらいでその兆候が現れます。まだまだ先は長いですから、何とかして気持ちを切り替えたいところです。15キロとか中間点を過ぎてから飽きてくる人もいますし、30キロ前後あたりが苦しさと相まって飽きるという

人など、そのタイミングは人によってまちまちです。

とくに飽きやすいのは、**河川敷や田舎の一本道のような変わり映えの少ないコース**を走っているときです。しかも沿道に応援の人がいなければ、飽きる気持ちはどんどん大きくなっていきます。地方の大会ではスタートおよびゴール付近を除けば、沿道にほとんど人がいないというコースを走ることも珍しくありません。**天候が悪い日も応援の人は減りますから、飽きるという意味では要注意**です。

そんなときにカラダのきつさではなく、**「飽きた」という思いから心が折れてしまっては、目標達成以前に完走さえもむずかしくなります。**走ることに飽きるつらさを克服してゴールを目指すメンタル的なタフさも、マラソンには必要なのです。

では、飽きたときには具体的にどんな方法で乗り切ればいいのか。

コース上に景色を楽しめる要素があるのなら、その景色を存分に楽しんでください。自分にとって馴染みのない土地であれば、きっと何かしらの新しい発見があるはずです。草花の様子から「きれいだな」と思ったり、風の香りから「春が近づいてきたな」などと**季節の移り変わりを感じる**のもいいでしょう。

コースから見渡せる景色を思う存分、楽しむことがメンタルを維持するポイントのひとつ。写真は東京マラソンのコース風景

音楽を聴くのも気分転換には効果的です。ポータブルオーディオプレーヤーやスマートフォンにあらかじめテンションが上がる曲や自分の好きな曲を用意しておき、走ることに飽き始めたらスイッチオンです。

私がとくにおすすめしたいのは、**給水所を気分転換のポイントとして利用する方法**です。機械的に水をとり、飲んだらすぐに通過ではなく、少し冷静になってほかのランナーを観察したり、ボランティアの人たちとコミュニケーションをとる。それによって、また気持ちの面でも余裕が出てきます。給水所ではカラダをリフレッシュさせると同時に、メンタルもリフレッシュするように使うわけです。

Chapter3

16

【レース終盤】マラソンの真骨頂！30キロを過ぎたら……

フルマラソンは、42キロを3分割し、28キロからフィニッシュを終盤区間と考えると、「30キロの壁」を意識せずにうまく乗り切ることができます。

とはいえ、苦しさがないわけではありません。中間点を過ぎ、25キロあたりから苦しみは徐々に大きくなり、30キロを過ぎた頃にピークを迎えます。筋肉の疲労物質といわれる乳酸が溜まり、全身のあちこちにかなりの痛みが出てくるのが、30キロ前後という地点なのです。

ただ、不思議なもので、ランナーというのは「今日のレースは60キロです」と言われると、30キロ地点は気づかないうちにスルーしています。60キロを走るとなったとき、つらさのピークがやってくるのは40キロ前後のところです。ハーフマラソンでもっともつらく感じるのは15キロ前後。もちろん、それぞれの苦しさの度合いは異なりますが、ひとつのレースで考えると、全体の距離の7割を過ぎるか過ぎないかというあたりがもっとも苦しいポイントになります。

フルマラソンにおける30キロ過ぎ。ここからがいよいよマラソンの真骨頂です。「これがあるからマラソン」と言っても過言ではありません。

勝負所に入っていく前に、走りながらランニングフォームと自分のペースをいま一度、確認しておきましょう。

ヘソの5センチほど下の部位に力を入れ、**カラダの中心に1本の線が入ったようなバランスがとれているか。腕を振るのではなく、肩甲骨を引けているか。骨盤を前傾させられているか。**この3つが体幹を使った効率のよい走りをする際、ランニングフォームで意識すべきポイントです。

苦しさとうまく付き合う

自分のペースについては、これまでと同じペースをキープできるのか。きついので少しゆるめるのか。選択肢はふたつしかありません。調子がよいと感じても、それはペースを上げていいということではなく、「今日はこの状態をできるだけ長く続けよう」と考えるのが正解です。あくまでも基本はペースの維持です。

レース後半に感じる痛みやつらさというのは、トレーニングを積んでより強いカラダを作っておけば、少なく抑えることができます。たとえばフルマラソンを2時間10分で走るトップ選手が3時間で走ろうと思えば、逃げたくなるほどの苦しさやつらさを感じません。それは2時間10分で走り切れるカラダの強さを持っているからです。

しかし、市民ランナーのみなさんは通常、自分の能力のギリギリぐらいのタイムで走りますから、やはりそれぞれに苦しさ、つらさ、痛みを伴います。それでも「あぁもう苦しい、ダメだ」と思いながら淡々と走っていれば、またスーッとラクになる場面があります。マラソンというのはその繰り返しです。

そういう意味で一番つらいのは、初マラソンのランナーです。経験がないため、「こんなに痛いの？」「こんなに苦しいのか」と絶望的な思いに駆られてしまいます。でもそれも、

2度、3度とレースを経験するうちに、「あ、これは1回経験したことがある苦しさだな」とか「完走できない痛みじゃない」という判断ができるようになります。

苦しい局面は、苦しさが和らぐ波がくるまで我慢する。それによって苦しさとうまく付き合いながら、「これぞマラソン」という30キロ過ぎの難関をクリアできるはずです。

Chapter3

17

【レース終盤】レース中に目標が達成できないとわかったとき

残り10キロを切ってくると、自分のペースとの計算によって、目標タイムを達成できるかどうかがある程度わかってきます。

ここまで順調にペースを刻んでこられた人は、その走りを続けるのみです。もちろん疲労はあるでしょうが、メンタル的には非常に充実しているはずです。

目標を達成できるかどうか微妙な人は、かなりナーバスになっているかもしれません。サブ4とか自己ベスト更新というのは絶対的なものですから、ひとつの壁を越えようとするとき、そんなメンタルに陥るのは必然とも言えます。

タイムの余裕があれば、少しぐらいペースが落ちても、苦しい波が落ち着いてからペースを戻すという方法もあります。ところが、タイムはギリギリとか、頑張れば目標タイムをクリアできそうという状況なら、ペースは落としたくないですから、しっかり腕を振り続けながらなんとか我慢するしかありません。

メンタル的にむずかしいのは、明らかに目標を達成できないとわかったときです。モチベーションは明らかに落ちます。その目標のために数カ月間、決して楽しいだけではないトレーニングを積んできたのですから仕方ありません。

ちなみにレースのとき、フィニッシュエリアで待っていると、ランナーそれぞれのメンタルの違いが走りに現れていることがわかります。たとえばサブ4を目指していたランナーは、3時間57分から59分の間に、大集団でどっとゴールに駆け込んできます。そこからだんだん人数は少なくなっていき、4時間2分ぐらいまでは人がいますが、それ以降は途端に激減します。途中でサブ4が無理だとわかった時点であきらめてしまうわけです。

市民マラソン大会はそのあたりがくっきりと分かれ、ランナーのみなさんの心の内が浮き彫りになりますから、見ていて面白いシーンのひとつです。

市民ランナーは何度もリベンジできる

さて、レースが終盤に差し掛かり、**明らかに目標を達成できないとわかったとき、どんなメンタルでいるべきでしょうか。**

ファンランに切り替える、というのも悪くありません。ペースを多少落とし、タイムを追うという使命感から開放されるだけでも、ずいぶんと気はラクになります。単純に走ることや大会の雰囲気を存分に楽しんでください。

ただ、次のレースにつなげるならば、「ここからはよいトレーニングにしよう」「つらくなってから粘る走りを残りの距離で身につけよう」と前向きに考えましょう。なぜならば、**レース終盤の苦しさやつらさは、日々のトレーニングだけでは克服できない面がある**からです。

市民ランナーにとってのレースは、トップ選手にとってのオリンピックやオリンピック選考レースとは違います。**市民ランナーは何度でもリベンジできます**。だから今回うまく走れなかったとしたら、それを無駄にすることなく、次のレースにつなげてほしいと思います。

Chapter3
18

【レース終盤】残りの距離が減る喜びを力に変えよう

ゴールが近づくと、ほとんどのランナーは元気が出てきます。正確に言うと、**肉体は限界に近づいており、必ずしも元気ではありませんが、それに反比例するように気持ちはどんどん元気になっていきます。**

それがより鮮明になってくるのは、35キロ以降でしょうか。

レースによって多少異なるものの、残り10キロ、あるいは5キロを切ると、コース上のキロ表示は、通常の「37キロ」「41キロ」といった表示とともに、それぞれのポイントから0・195キロずれた間隔で、「あと7キロ」「あと4キロ」という表示が出てきます。

カウントダウンのほうは、端数の0・195キロを省略すれば、あと何分走ればゴールという計算もしやすくなります。そして何より、走れば走るだけ数字が減っていきます。

そのことに喜びを感じながら、最後の力を振り絞ってください。とくに数字がひとケタになる「あと9キロ」とか「あと5キロ」が見えると、俄然「あと少し」という気持ちが沸いてくると思います。

また、**自分がトレーニングでよく走った距離と、残りの距離が一致したときも、メンタルにはよい影響がもたらされます。**普段、皇居の周回コースを利用している人は、「あと5キロ」の表示を見れば、「あと皇居1周でいいんだ」と思えます。残りの5キロを実際に頭の中で、皇居のコースと重ね合わせてもいいでしょう。勝手知ったるコースだけに、未知のコースより距離が短く感じられるはずです。

さらに元気になれる要素が、ほかのランナーを抜けるようになることです。レース終盤に差し掛かると、それまで無理をしてきたランナーはバテてペースダウンをしています。歩いているランナーもかなり出てきます。

自分は歩いていないと思えることで力が出ますし、ゴールまで走り抜こうという意欲も芽生えてきます。また、苦しそうに走ったり、歩いたりしているランナーを横から次々と抜いていくのは気持ちがいいもので、心の支えになります。

ただ、ここで忘れてほしくないのは、**いくら元気が出てきてもやみくもにペースアップはしないということ**です。ランニングフォームやペースは変えず、淡々と走る動作を継続します。ここでも念を押しておきますが、マラソンは最初から最後まで一定のペースで走る切ることが、目標達成という成功への唯一の道です。

いよいよレースもクライマックスを迎えます。ゴールが近づくたびに喜びが増していくのはごく普通の反応ですが、ここで「あと3キロしかない」「もうレースが終わってしまう」などと思えるとしたら、相当に走ることが好きか、精神力がケタ違いに強いと言えるかもしれません。

Chapter3 19

【レース終盤】〝達成感〟と〝解放感〟を求めてラストスパートへ

マラソンでは、なぜゴールが近づいてくると元気になるか。

それは**「やった」「やり遂げた」という達成感を得られる**のがひとつ。そして、もうひとつは**「やっと終わる」「この苦しさから逃れられる」という解放感がある**からだと思います。このふたつはやはり強烈ですし、大きな原動力になります。

陸上競技の他種目やほかのスポーツでも、達成感を味わえるものは多くありそうですが、**解放感を得られるという点はマラソン特有の感情**かもしれません。

ゴールにたどり着けば、もう走らなくてもいいし、好きなものを自由に食べて飲むことができます。このレースのためのトレーニングも、しばらくやる必要はない。そう思うと、自然に元気が沸き起こってきます。

肉体的な疲労はかなり溜まり、脚も思うように動きませんから、残り距離のカウントダウンが始まってからは、1キロ1キロが長く感じる場合もあります。そういう人は**「早くゴールしたい」と意識しすぎて、気ばかりがはやっている状態**です。

目標達成に向かって秒単位の勝負になっている人は、つらい状態にムチを打ってカラダを前に運ぶしかありませんが、そのような切羽詰まった状況でないなら、沿道の人たちとハイタッチしながら進んでいけばいいと思います。そうしていると、自然に笑みがこぼれ、あっという間にゴールが見えてきます。

応援を力に変える

レース最終盤の沿道からは、たくさんの人たちがランナーを迎えてくれます。それまでの「頑張れ！」という叱咤激励とは違い、応援する側の声援や拍手には、「ここまでよく帰ってきた。頑張ったね」というリスペクトの思いが込められています。どんな大会でもフィナーレではそうした素晴らしい光景が繰り広げられます。

応援の人たちに対して、腕が疲れて上げられなければ、「ありがとうございます」と返事をしたり、軽い会釈や笑顔を見せるだけでもＯＫです。
レースを何度も経験ある人は実感できると思いますが、応援というのは本当に力になります。しかもマラソンのレースでは、自分がまったく知らない人から温かく応援してもらえます。普通に日常生活を送っている中では、まず起こり得ないことです。

大会に出場しているゲストランナーとハイタッチできると、それはまたうれしかったりします。シドニー五輪金メダリストのＱちゃんこと高橋尚子《たかはしなおこ》さんは、自分がゲストランナーで招待されたとき、参加者とハイタッチするのをミッションにしています。多くのランナーがＱちゃんとハイタッチしたいばかりに、コースの片側に寄って、〝ハイタッチ行列〟ができてしまうこともあります。

いずれにしても、応援が効果的なのは自分がもっともつらく苦しい終盤ですが、レース全般を通して、沿道からの応援はぜひ力に変えましょう。そして、応援してくれる人たちに感謝の気持ちを忘れないことも大切です。

Chapter3
20

【ゴール直前】
ゴールでは自分の感情を開放しよう

ついにゴールは目の前です。

数時間前の朝のスタート、いえ、このレースに参加しようと決めてエントリーをし、目標に向かってトレーニングを開始したときから思えば、数カ月におよんだ自分との戦いがまもなく終わります。

フィニッシュエリアに掲げられた「ＦＩＮＩＳＨ」あるいは「ＧＯＡＬ」という文字が視界に入ったら、やり遂げたという達成感と、もう苦しまなくていいという解放感が実感できます。肉体はボロボロかもしれませんが、**ゴールではそうした疲労や痛みを超越する心地よさを味わえる**のです。

自分が立てた目標タイムをクリアできたなら、さらに言葉には言い表せないほどの充実感に包まれることでしょう。ただ、**仮に目標タイムに届かなかったとか、自分の走りができなかったとしても、それは敗北を意味しません。**

レースでは、トップでゴールした選手も最終走者も、すべてのランナーが同じコースをたどり、それぞれに苦しみやつらさに耐えながらここに到達しました。まずそのことに誇りを持ってください。完走した自分自身を褒めてあげてください。

自分の感情を爆発させる機会

ほかのランナーと健闘を称え合ったり、ボランティアスタッフに感謝を伝えたりすると、メンタル的にはより清々しい気分になれるはずです。

レースを振り返ったり、想定していた走りをできなかった人は課題や反省点を整理する必要はあります。しかし、それらは一旦置いておき、どんな結果であろうとも胸を張ってゴールしていいのです。

たいていの場合、フィニッシュエリアでは参加者のゴールシーンを撮影するカメラマンが待ち構えていますから、笑顔でガッツポーズを作ってゴールするのが絵になります。

スタート時は、不安な気持ちを振り払い、高揚感からオーバーペースになるのを防ぐために冷静さを求めますが、フィニッシュは逆で、むしろおおいに盛り上がりましょう。

自分のメンタルを開放する、ということです。

最高の感動に浸ってもいいですし、感情の赴くままに泣きたければ泣けばいい。別に恥ずかしいことは何ひとつありません。**感情を爆発させるという非日常を実感できるのが、市民マラソン大会の醍醐味**でもあります。

ひとつだけ注意点を挙げるなら、最後のところで猛ダッシュはしないほうがいいということです。それはメンタルではなく、脚がつる危険があってカラダによくありません。最悪なケースでは、心肺停止という事態も起こり得ます。

自分のメンタルを解放しつつ、走るペースを最後までしっかり守ることを意識しましょう。

Chapter3
21

【ゴール直前】自分は何のために走るのか、見つめ直そう

苦しい局面をなんとか我慢しながら走り続けていても、本当につらくて「もうダメだ」とあきらめそうになることがあります。そんな**極限状態に近いとき、〝言葉の力〟が立て直すきっかけを与えてくれたりもします。**

トップランナーはレースの際、自分の給水ボトルに自身を励ますメッセージをあらかじめ書き入れて、ボトルを手にしたときにその言葉を見て奮起したり、つらさを乗り越えたりします。といっても、これはいわゆるエリートランナーだけの特権で、市民ランナーは通常、自分の給水ボトルは用意できません。

そこで腕に「今が踏ん張りどころ！」「自分を信じて！」といった自分が奮い立ちそうな言葉を書くのはどうでしょうか。学生駅伝の強豪・東洋大学のランナーたちはレースに挑

むとき、腕にチームスローガンである『その1秒を削り出せ』と書いています。拠り所になる言葉が、1秒でも速く、1歩でも前に、という走りを生み出すのです。

家族や仲間が現地まで応援に来てくれるなら、**自分が一番苦しい状況になるであろうポイントにいてもらうのも効果的**です。「○○さん、ファイト!」と名前を呼んでもらうだけでも、枯渇してしたかに思われた元気や勇気が絞り出されます。

現地まで来られないという場合は、小さな用紙に家族や仲間からメッセージを書いてもらい、それをポケットやウエストポーチに入れておきます。あきらめそうになったときに見ると、「あきらめちゃいけない」と気持ちを切り替えられます。小さなお子さんがいる人は「お父さん、がんばれ」「ママ、がんばれ」と書いてもらうのが、何にも替えがたい〝スペシャルドリンク〟の役割を果たすかもしれません。

それと、あきらめそうになる気持ちに耐えるもうひとつの方法に、「自分は何のために走っているか」を再確認することがあります。

誰のために、何のために

日本ではまだ少ないですが、海外の市民マラソン大会では、個人的に「私はこのために走っています」と背中にメッセージを掲げて走っているランナーをよく見かけます。マラソンという苦しいチャレンジをする理由はこれです、と明確なので、つらくても簡単にあきらめることはできません。

数年前にホノルルマラソンに参加したときも、軍隊に入っている息子さんらしき写真を背中にプリントしたシャツを着ている男性ランナーがいました。ひょっとしたら息子さんの安全を願っての挑戦で、そこには日本でいうお百度参りのような意味合いがあったのだと思います。

東京マラソンでは11年大会から「チャリティランナー」の部門が創設されています。そこには「チャリティやスポーツ振興・環境保全・世界の難民支援・難病の子どもたちへのサポートといった社会貢献について考えるきっかけを届け、ひとりひとりのハートと社会をつなげていきたい」というテーマがあり、ランナーは自分が選んだ寄付先団体に対して10万円以上の寄付をすることでレースに参加します。

「なぜ、走るのか?」目標を明確にし、“言葉”の力を借りて自分を立て直そう

駅伝のレースで、もはや限界を超えたランナーがフラフラになりながらもタスキを運ぼうとするのは、次のランナーが待っているからにほかなりません。自分以外の誰かのため、何かのために走るというのは、自分のためだけに走るよりはるかに大きなパワーを引き出すことができるような気がします。

市民ランナーの多くのみなさんは、自分の健康や自分の目標達成のために走っていますし、それ自体は悪いことではありません。ただ、それとは別に**「なぜ自分は走るのか」という明確な理由があると、レースでより強いメンタルを発揮できる**のです。

marathon

Mental strengthening method

Chapter 4

ケガとの向き合い方

ランナーの一番の悩みの種であるのが、ケガの問題。
レース前やレース中にケガをしたり、カラダに痛みが走ったりしたときは、
何を考えたらいいのでしょうか。
アクシデントが起きてしまったときの思考をアドバイスします。

Chapter4
01

【ケガへの対応】
ケガは乗り越えなければいけないプロセスと考える

私は各地で、市民ランナー向けのランニング教室を頻繁に行っていますが、**もっとも多く受ける質問や相談は、ケガやカラダの痛みに関すること**です。

ランニングは、体重の約3倍以上もの負荷がかかる着地を繰り返す運動です。カラダにかかる負担が大きいため、ケガはつきものです。ケガをしたから悪いということはありませんが、痛みを我慢して走ることは心が強い、などと思わないことです。

初心者やキャリアの浅い人は、筋力が弱かったり、正しいランニングフォームが身についていなかったりして、カラダのどこかが痛むときが必ずやってきます。しかし、キャリアを積んだベテランランナーでも、ケガに苦しむ人はたくさんいます。

ですからもしケガをした場合、それをレベルアップするために乗り越えなければいけないひとつのプロセス、と捉えましょう。

間違いなく言えるのは、**ランナーは走れないとつらい**ということ。ランニングが趣味とかストレス解消にしている人、あるいは走ることが習慣化されて生き甲斐になっているといった人ほど、ケガをすると落ち込みます。**大好きなことができない**わけですから当然です。

最近は病院でも「スポーツ外来」「スポーツ整形外科」といった専門医が増えました。ただ、そういう病院に行っても、激しいコンタクトスポーツの外傷や打撲、筋断裂のような重度のケガに比べると、ランニングのケガはそこまでひどくないケースがほとんどですから、「骨は大丈夫ですね。たいしたことないですよ」という診断とともに、湿布をくれるだけで治療を終了とするお医者さんが少なくありません。

長距離選手のケガを、機械が壊れたかのように「故障」と言うのは、そのあたりからきている気がします。腱や靭帯を切ったら「ケガ」と言いますが、故障とは言いません。英語ではどちらも「injury」と言うにもかかわらず、です。

ケガの原因を探ろう

ランニング教室で「ここが痛いんです」とよく相談されますが、私は医者ではないので、レントゲンやMRIを撮ることはできません。でも、ケガの箇所と症状を聞けば、それがどういう状態になっているのか、だいたいわかります。アイシングや湿布を処方したり、「走るのを少しやめましょう」とアドバイスするのがお医者さんですが、私たちコーチの仕事は、痛みが出る原因を探ることです。

基本的には、まず**ランニングフォームをチェックすることから始めます**。フォームに問題がないなら、筋力不足や慢性疲労、体調不良などが原因として考えられます。たとえば右アキレス腱が痛いという人なら、左肩の可動域が右側に比べて狭かったりします。それによってカラダのバランスが崩れ、結果的に右アキレス腱に負担がかかっている、とフォームに問題があることを教えてあげるのです。

故障を繰り返すランナーは思いのほか多いですが、**原因のひとつは痛みが引いても、再び同じような間違ったフォームで走ってしまうこと**です。同じ箇所に負担がかかり、痛みが再発します。そんな悪循環を避けるには、きちんと原因を探り、悪い部分を改善することが必要です。

とはいえ、身近にそのようにアドバイスできるコーチがいればいいのですが、市民ランナーの多くはそうではありません。自分で判断するのもむずかしいでしょう。ランナー数は増えているのに、ランニングのケガに詳しい病院や医者がまだ少ないというのは、ランニング界の現状であり、今後改善していかなくてはいけない課題のひとつです。

Chapter4 02

【ケガへの対応】カラダの違和感をすばやく察知しよう

ランニングの最中に起こる痛みは、実は痛む前からすでに違和感があったというケースがほとんどです。違和感の段階で処置しておけばよかったのに、そのまま放置しておいたために痛みにまで発展してしまうというパターンです。

走っていて「なんだかいつもと違う」と感じたときは、痛みが起こる前兆かもしれません。違和感をいち早く察知した上で、「たぶん気のせいだろう」と流したりせず、**いつもと違う感覚の正体を明らかにすることがケガや痛みの予防にもつながります。**

違和感を覚えたら、まずはその部位を特定します。それも、たとえば「ひざが痛い」というだけでなく、ひざのどこが痛いのか。ひざの痛みだけでも、裏側や外側、皿の奥や下側など、いくつかの箇所があるからです。

より具体的な部位まで認識できると、その原因や対処法もはっきりし、その後、ランニング中に痛みが発生する危険性はかなり減ります。

違和感を抱えたまま走り続けると、徐々に痛みを感じ始めます。この段階はケガの一歩手前で、軽い炎症という形で、すでにケガが起きている可能性もあります。いずれにしても、ここまでに一度、原因の究明が求められます。

走らない意識を持つ

ケガの度合いは、違和感や痛みのある部位やその状況、走力レベルによって変わってきますが、ひどいときには筋断裂や疲労骨折となり、数カ月間は走れなくなる恐れもあります。レース中に起きたケガなど特別なケースを除き、痛みをそのままにして走るのは絶対に避けましょう。

なんとなくいつもと違うことを感じとる〝カラダに対する敏感さ〟は、ランニングの最中に養うことができます。走り始めてしばらくすると、体調の良し悪しを察知できたり、走っていてカラダが少し傾いただけでもおかしな感じがしたりと、カラダの反応が敏感になってきます。

自分では気づきにくい自然な変化ですが、感覚が研ぎ澄まされ、確実に敏感に反応できるようになっているのです。

ランニングに夢中になると、「毎日走りたい」「長く走りたい」という気持ちになってきます。そして、そうした前向きさはレベルアップを遂げるには欠かせないメンタルですから、目標にタイムを掲げている人はぜひ持ち続けてください。

ただ、ランニングのケガの特徴として、違和感や多少の痛みがあっても、**我慢すれば走ることができてしまうため、つい軽く考えて長時間のトレーニングを敢行してしまいがち**です。それではケガは悪化するばかりです。

カラダに違和感を覚えたり、痛みを感じ始めたりしたときは、**「走りたい」という気持ちを一旦押しとどめ、「走らない」意識を強く持つ**ことが大切です。

トレーニングの中断は、ターゲットにしているレースに向けた計画に狂いを生じさせます。しかし、そこで無理をしてトレーニングを続けても、ケガはひどくなる一方です。休養もトレーニングですし、たとえ走らなくても筋力トレーニングなどできることはいくらでもある。そう考えれば、多少遠回りになっても、まずはケガを治すことを優先させられるはずです。

違和感があった段階で対策を施し、痛みが出てしまったら走ることを休み、軽いトレーニングに切り替える。あるいは専門医に相談したりして完治を目指し、また再び気持ちよく走れる自分を取り戻してください。

Chapter4 03

【ケガへの対応】
レース前にケガを抱えているとき

レースが数日後に迫っているときや、**レース当日を迎えたときにカラダのどこかに痛みがあると、大きな不安に襲われます。**「痛みに耐えられるだろうか」「最後まで走り切れるだろうか」と考えてしまい、ポジティブな心理状態ではいられません。

こんなときどのような対処をするかは、タイムなど目標の重要度とケガの程度によります。

たとえば、次のレースにおいて目標は最優先事項であり、達成できなければレースに出る意味がない。市民ランナーでそんなふうに考えている人は稀ですが、にもかかわらず、ケガの状態は思わしくなく、目標達成はほぼ不可能と予測しているとします。そんな場合は、もうスタートラインには立たずにレースを棄権するしかないでしょう。

目標を達成できるかどうかは別として、ケガの回復具合は芳しくない。でも、せっかくエントリーしたのだから、できることなら棄権したくない。これは市民ランナーにもよくある状況です。

軽く走るのもおぼつかないほど痛みがひどい場合は、やはり出走辞退もいたしかたありません。それでもスタートだけは切りたいというなら、タイムは気にせずにとにかく完走だけを目指すとか、行けるところまで行って途中でリタイアするなど、**目標の下方修正が必要**になります。

いつも記録ばかりを追っているランナーが、こんな状況を「またとない機会」と捉えられたら、メンタルコントロールとしては成功です。痛む箇所に負担がかからないような走りで、ファンランを楽しむ。それも市民ランナーのあり方のひとつです。

痛みはそれほどでもないけれど、万全ではないというときも不安はつきまといます。レース本番まであと数日で、調整として少しは走っておきたい場合は、いつも以上に入念な準備運動を行い、走った後も整理運動やアイシング、できる範囲でマッサージを施して、疲労や痛みを残さないようにしましょう。

当日もテーピングやワセリンなどを使って、そのケガに必要な処置を行い、「やれることはすべてやった」という心境になれたら、あとはもう号砲を待つだけです。

それともうひとつ、レースが近づいてくると、急に痛みが出てくることがあります。はっきり「痛い」というのではなく、「なんとなく痛い感じがする」といった漠然としたものです。これは緊張感のような気持ちの部分に原因があるケースもあり、純粋なケガとは言えません。

本番前の調整期間では練習量を落としますから、筋肉も多少ゆるんできます。今までと違った感覚が起きて、それを痛いと感じたりすることもあるわけです。同じ意味で、シューズを新調したときや、いつもと地面の硬さが違うコースを走ったときに、衝撃の度合いが変わって痛みになることもあります。

そうした原因や部位のはっきりしない痛みは、ストレッチをしてリラックスしたらとれたり、レースがスタートして走り出したらいつの間にか消えていたりしますから、しばらく様子を見ましょう。

Chapter4

04

【ケガへの対応】
レース中、痛みに襲われたら……

万全の状態でレース当日を迎え、スタートしてから快走を続けたとしても、突発的に痛みが起こることはあります。

もともとケガを抱えていたとか、故障明けで万全ではない中でのレースなら、途中でまた痛みが出るかもしれないという覚悟を持てますが、突如として痛みに襲われたらパニックに陥ってしまう気持ちもわからないではありません。

しかし、焦ったところで事態は好転しません。想定外のアクシデントに見舞われたときに、「うわっ、痛い！　どうしよう、どうしよう」とうろたえてしまうのは、メンタルの面ではよくない傾向です。

走りを続けられる程度の痛みなら、走りながら歩いたり、ペースダウンしたりして様子を見てください。もし動くのもむずかしそうなら一旦コースから外れて止まり、まずは気持ちを落ち着かせます。冷静にどこが、どう痛いのかを見極めましょう。

突発的な痛みでよくあるのは、わき腹の痛みです。

背中や胸に痛みが出る場合もありますが、これらは急に勢いよく走ったことが原因です。とくに普段あまり運動をしていない人が、急にハードな運動をすると、呼吸に関わる横隔膜が激しく動き、痛みとして現れるのです。

これはケガではないですし、少しペースをゆるめるなり、ウォーキングに切り替えて、ゆっくり深呼吸すれば、やがて痛みはとれていきます。人は痛みがあると緊張状態でカラダが硬くなりますが、強ばったカラダをほぐし、リラックスできればすぐに解決します。

ほかにも突発的なケガとしては、転倒による打撲や捻挫などがあります。それらの痛みはその後の走りに影響しそうであれば、救護所に行って応急処置をしてもらってください。あとは、ひざや足首周辺（アキレス腱、くるぶし、かかと、足の甲、足底など）、股関節まわりや腰あたりに痛みが生じるケガが多く見られます。これらは、すでにその前の段階から違和感や予兆があり、痛みとなって表面化してきたケースがほとんどです。

しかもその多くは、ランニングフォームやバランスが崩れたことによって特定の部位に負担がかかり、痛みを引き起こすケースです。たとえばレース後半に出てくる腰痛は、疲労がピークに達し、姿勢が崩れていることが原因です。

走りながら上半身のストレッチを行い、目線を少し上げることでまっすぐな姿勢に戻ります。このようにして痛みが緩和されることもありますから、**自分が正しいフォームで走れているかどうかを確認するのも、ひとつの対策**になります。

痛いときほど冷静になろう

さて、レースでは完走することが最初の目標となる初マラソンのランナー以外は、それぞれに目標タイムがあります。その目標が達成できないとレース中に明らかになると、今度は「せめて完走だけでもしたい」と思うようになります。

この日を迎えるまでに費やしてきたトレーニング、それに伴うお金や時間を考えれば、簡単にレースをやめることはできません。応援してくれている家族や仲間がいるなら、そういう人たちに対しても申し訳ない気持になります。「絶対にリタイアはしたくない」と思うのはランナーとして当然の心理です。

それでも痛みがひどく、カラダをこれ以上前に進めるのは無理、もうどうしようもないという場面は起こり得ます。マラソンとはそういうものです。

そんなときは**思い切ってリタイアするという勇気も大切**です。

バランスを崩したまま走り続けると、ほかの部位にも負担がかかり、別のケガを併発しかねません。痛みを我慢して無理をすると、ケガが悪化し、しばらく走れなくなる可能性もあります。市民ランナーにとって、そんな状況は本意ではないはずです。

楽しいランニング生活を続けるためにも、**感情にまかせて突っ走るのではなく、冷静かつ正しい判断**を下すようにしましょう。

Chapter4
05

【ケガへの対応】ランニング中によく起こるカラダの痛みは？

走っている最中に起きるケガや痛みで、比較的多いものをいくつか紹介します。

代表的なケガは、ひざの外側が痛くなる腸脛靭帯炎《ちょうけいじんたいえん》。ランナーがよく起こすケガなので、「ランナーひざ」「ランナーズニー」とも呼ばれます。これは着地する際、大腿四頭筋《だいたいしとうきん》（太もも前の筋肉）の力が足りないために長距離に耐えられず、ひざの外側に負担がかかることで起きます。

解決法としては、レース以前の段階から筋力強化をするのが最適です。

レース中に痛みが起きたら、しばらく歩いてひざにかかる衝撃を軽減したり、一度コースから離れ、太もも前の筋肉を軽くストレッチしたりします。姿勢が悪くなって体幹の筋肉をうまく使えなくなっている場合もあるので、背すじを伸ばし、腹筋やお尻の筋肉を手で叩いて外部から刺激を与えます。それによって体幹の力が戻り、ひざへの負担が軽くなります。

足の接地がつらくなる足底筋膜炎《そくていきんまくえん》も、ランナーに起きる代表的なケガです。

足底、いわゆる土踏まずは、ランニングにおいて着地の衝撃を和らげるクッションの役目を果たします。長い距離を走りすぎると、土踏まずのアーチが疲労で機能しなくなり、足底の筋膜に炎症が起きてしまう。それが足底筋膜炎で、回復にはかなりの時間を要するやっかいなケガです。

トレーニング中に足底に痛みを感じたら、十分な休養をとり、マッサージでケアしておくこと。レース中に痛みを感じたら、やはりシューズを脱いで足の裏に刺激を与え、足裏の凝り固まった筋肉をほぐし、それでも痛みが引かないときは少しペースを落とすことも検討してみてください。

ピンチを乗り切るために

ランニング中にもっとも対処に困るケガは、マメかもしれません。ほかのケガはよほどひどい状態になる前に、痛む箇所を冷やしたり、フォームのバランスを戻したりすることで痛みがとれることもありますが、マメの痛みはできてしまったらその場ではとれないからです。

マメは低温やけどで、その原因となる熱は、シューズと足の皮膚との摩擦によって生じます。ランニングシューズの通気性は、その熱を逃すためのものです。

シューズのサイズが小さすぎたり大きすぎたりするのはもちろん、走りのバランスが崩れれば、シューズのサイズが最適でも摩擦は起きます。また、直射日光で熱せられた路面の熱で、マメが誘発されることもあります。

マメはできてしまったら対処には限界があります。トレーニング時期にマメができたら、走ることを休むか、ウォーキングなどの負荷の軽い運動に切り替えることをおすすめします。

レースに臨むにあたってマメができやすい人は、事前にマメができないような対策をとっておくべきでしょう。**自分の足に合ったシューズを選ぶのは、マメ云々の前にランナーとして絶対条件です。さらにワセリンなどの潤滑剤をレース前に足全体に塗っておきます。**それによって摩擦が起きにくくなり、マメの予防になります。

こうしたケガを含め、**走っているときに痛みが生じたら、使う筋肉を変えるという方法もあります。**

ほとんどの市民ランナーは、終盤の苦しいときに太ももの前部ばかりを使い、ブレーキをかけながら走っていますが、それは非効率的な走り方です。

そこで同じ部位にばかり負担がかからないように、お尻の筋肉を使ったり、腹筋を使ったり、微妙に変えながら走るわけです。着地のポイントも、それまでよりも少し後ろに下げたり、グッと踏ん張らずに着地した瞬間にふっと力を抜いたりする。そうすると負担がかかりません。

こうした方法は、どちらかといえば高度な部類に入るテクニックです。ただ、古武術のようなもので、重心移動のときのカラダの使い方を研究すれば、決してむずかしいテクニックではありません。メンタルの話ではありませんが、いざという局面でピンチを乗り切るためにも、知っておいて損はない知識です。

marathon

Mental strengthening method

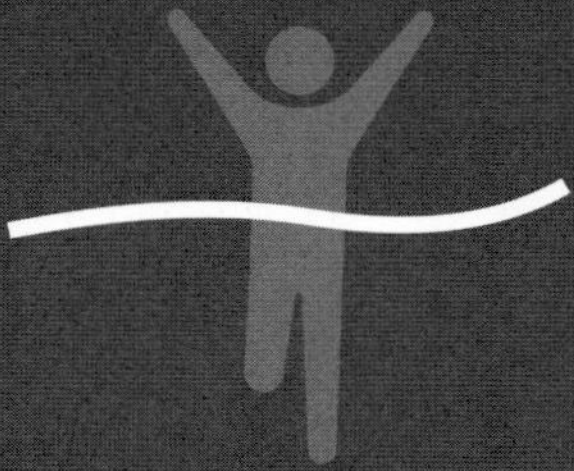

Chapter 5

レース後の気持ちの作り方

レースの結果を踏まえて、
ゴールした後の気持ちはランナーによってさまざまです。
次のレースに向けて最高のスタートを切るために、
どんなことを考えればいいのでしょうか。マラソンの本質を理解し、
楽しいランニングライフを送りましょう。

Chapter5
01

Mental strengthening method marathon

【次のレースへ向けて】走りたい気持ちになるまで待つ

フルマラソンでゴールできたとき、ランナーたちが抱く感想は千差万別です。目標を達成できて、「素直にうれしい」「頑張ってトレーニングした甲斐があった」と喜ぶ人もいれば、達成したにもかかわらず、「終盤にペースダウンしなければ、もっといいタイムを出せたのに」とか「途中で自分に負けてしまった」と反省する人もいます。目標を達成できずに、「本当に悔しい」「あれだけトレーニングを頑張ったのに……」と肩を落とす人もいれば、達成はできなかったけれど、「楽しい42キロだった」とか「気持ちよく走れたからOK」と笑顔を浮かべる人もいます。

フィニッシュエリアでは、ランナーの数だけ悲喜こもごもの感情が溢れています。ランナー自身にとっては、レース内容や結果について自分なりの評価があるでしょう。でも、**市民ランナーは自分の脚で42・195キロを走り抜き、無事にゴールに**

たどり着いた時点で、みな勝者だと思います。

願わくば、フルマラソンを走ったランナー全員が、これからもランニングを愛好し、日々の生活の中で走り続けてほしいということです。

それでも本当につらかった場合、ゴールした途端に「フルマラソンなんかもう二度と走るか」という気持ちになる人もいます。それは、たいてい初マラソンか、二度目くらいの初心者ランナーから出る感想です。

走ることを義務と考えると、頑張らないといけない。頑張らないといけないから、多少無理をする。無理をするから「つらい」という悪循環になり、最終的にゴール後、「二度と走るか」という心境になるのです。

でも、走ることを楽しみと捉えられれば、そんなふうに思うことはありません。

つらかったことが強烈すぎて、つらい思い出が強く印象づいているかもしれませんが、このレースに挑むと決めて、たった今ゴールするまで、すべてがつらかったわけではないと思います。

走りたい気持ちを熟成させる

エントリー時の「自分はどれだけできるのだろう」という期待感や、トレーニングでうまく走れたときの爽快感、走った後の食事やビールの美味しさ、ランニングを通じて広がった仲間の存在、この日スタートラインに立ったときの高揚感や、レース中に沿道から応援してくれた人たちの温かさ……。そうしたことを一つひとつ思い出していくと、「苦しかったけれど、やっぱり楽しかった」という感想に行き着くのではないでしょうか。

とはいえ、フルマラソンを走り切ると、肉体的にはかなり疲労します。数日間はゆっくりと休み、走ることを一度、封印してください。やがて、カラダが回復するとともに、「あぁ、走りたいな」という衝動に駆られていきます。そうしたらその心の声にしたがって、またランニングを再開すればいいと思います。**「走りたい」という気持ちが沸いてくるまで"熟成"させる**わけです。

心から走りたいと思って取り組むランニングは、義務ではなく、自分の楽しみとなります。**走ることが楽しいとトレーニングも意欲的になれますから、成長の度合いも右肩上がりになり、充実感がさらに増すという好循環が生まれます。**

Chapter5
02

【次のレースへ向けて】マラソンのメンタルは日常生活に役立つ

マラソンは、スタートからゴールまでいかにペースを守って走れるかが好結果のカギとなる競技です。そして、日々のトレーニングの段階から、さまざまな局面でさまざまなメンタルが必要になってきます。

トレーニングやレースで培ったメンタルは、日常生活でも役立ちます。

たとえば目の前に今、やらなければいけない仕事が大量にあったとします。ある人は、最初からとにかくがむしゃらに一気にやろうとする。序盤は勢いがあってはかどるけれど、途中で疲れてしまってからはなかなか進まない。しかも、無計画に始めていれば、あとでやりづらい仕事や苦手な仕事が残って効率よく終えられません。

これをマラソン的なメンタルで進めていくなら、まずは仕事が発生した時点でどのようにしていくのが正確で、かつ効率よくできるかという戦略を立てます。

私のケースに置き換えると、膨大な資料を読んで、それをもとにかなりの量の原稿を書かなければいけないとき、まずスタートからゴールまでを大局的に捉えます。このペースならこの資料は5日間で読み切れるなとか、1週間あれば書き終われるぞ、といった計算を立ててから、ひとつずつを淡々と消化していく。

マラソンのペース配分と、まったく同じ考え方だと思います。


マラソンもまずは**コースの全体像をしっかりと把握し、自分の能力や調子、気象条件などを考慮したペースを分析しなければいけません。**分析ができたらそのとおりのペースを淡々と刻んでいくだけです。

それができていれば一喜一憂せず、平常心を保つことができます。イライラすることもありません。

もともと私は短気で、子どもの頃はいつも怒っていました。小学生の頃はケンカっ早く、友達にちょっかいを出されるとすぐに手が出るようなワンパク少年だったと思います。でも、陸上競技の長距離をやるようになって、性格がだんだん変わっていきました。

もちろん、私もテンションが上がるときもあれば、下がることもあります。ダラダラ過ごしたいと思ったり、人と話していてカチンとくることもあったりします。人間ならば誰にだってあることです。

ただ、仕事のように自分がやらなければいけないことに対して、マラソン的なメンタルを発動させてしまえば、感情が大きく上下することはまずありません。

日常生活では、ちょっとしたことでも面倒なことというのは結構たくさんあります。それを「面倒くさいな」とイライラするのではなく、全体の工程を見渡してから、「ここをこういうやり方でやれば効率的だな」と考えて、あとは着実にこなしていきます。

そういう心持ちでいられれば、ネガティブな波は起きませんし、ミッションは確実に成し遂げられます。

ランニングやマラソンに楽しみながら取り組んでいると、日常生活でも生かすことのできるメンタルが自然に養われているはずです。

Chapter5 03

【次のレースへ向けて】
タイム以外に走るモチベーションを持つ

ひとつのレースを完走したら、次はそのときのタイムを1秒でも上回りたいと思うのは、ランナーの習性です。市民ランナーは、**常に自分との戦い。他人との競争ではない**ところに、マラソンの魅力はあります。

タイムは、マラソンを始めてからしばらくの間は比較的順調に伸びていきます。初マラソンから2回目のレースで、30分以上も自己ベストを更新するランナーは少なくありません。しかし、レースを重ねるにしたがい、タイム更新の伸び率は小さくなります。前回のレースより下回ってしまうことも増えていきます。

レベルが高くなれば高くなるほど、自己ベスト更新はむずかしくなるわけです。

目標を達成できないレースが何度か続くと、「もう自分には無理なのだろうか」とか「走るのがつまらない」というマイナスの感情が浮かび上がってきます。せっかく始めたランニングですから、できることならやめてほしくありません。

そこでタイムとは別に、走るモチベーションになるものを持っておくというのは効果的です。仮にタイムが伸び悩む時期があっても、別のモチベーションによって日々のランニングを継続できるからです。

楽しさをさまざまな環境で共有する

たとえばランニング仲間を作るということ。自分が日頃走っているコースでよく顔を合わせる人がいたら、思い切って笑顔で挨拶してみましょう。たったそれだけでも気分は晴れやかになります。

地域のランニングサークルなどに参加すれば、同じような目標や悩みを持つランナーがいます。切磋琢磨し、励まし合いながらトレーニングをできるのはもちろん、走った後に一緒に食事をしたりお酒を飲んだり。トレーニングやレースのことなど、ランニングの話題は尽きることないでしょう。

そういう人たちとチームを組んで、駅伝大会に出場するのも、ひとりで参加するレースとは違って、また別の楽しさを感じられたりもします。

走るモチベーションとしては〝旅ラン〟もあります。文字どおり、旅先でのランニングです。

最近は、地方自治体が地元住民の健康増進と観光客の誘致を絡めて、全国各地で毎週のように市民マラソン大会を開催しています。週末に旅行を兼ねて、そうした大会に参加すると、ただ単にマラソンを走るというだけではなく、普段見ることができない景色を楽しめたり、土地柄が反映されたおもてなしや沿道からの声援を受けることができます。レースの前後にはご当地グルメや観光も楽しめますから、旅行が好きな人にとっては一石二鳥です。

大会に参加しなくとも、仕事で遠出することがあるなら、出張先で走ることも広い意味で〝旅ラン〟です。荷物にランニングシューズとランパン、ランシャツを入れ、いつもより1時間早く起きて、ホテル周辺を走ってみましょう。いつもと違う場所を走ることは、不思議と気持ちをワクワクさせてくれます。

ランニング仲間や旅ラン以外にも、純粋に走ることを楽しむ「ファンラン」をモチベーションにするのも素晴らしいと思います。これらは、**タイムの面でレベルアップが思うように図れないときでも走る原動力になってくれる**はずです。

Chapter5

04

【次のレースへ向けて】
自分の感覚で気持ちよく走ろう

「楽しく走ることの延長線上にレースがある」というのが、理想的なランニングとの向き合い方だと私は考えています。ただ、多くの市民ランナーは、まず大会にエントリーし、レース当日に向けてトレーニングをしていくというのが一般的な流れです。

レースは楽しいですから、それをモチベーションにトレーニングに励むことは決して悪いことではありません。

そうしたランナーのみなさんは、ひとつのレースが終われば、自分のスケジュール帳と照らし合わせつつ、インターネットの情報やランニング専門誌を眺めながら、「次はどのレースに出場しようかな」と思いを巡らすことでしょう。

出場するレースが決まれば、そこでの目標も明確になります。初マラソンのランナーはまず、「完走」が最初のターゲットとなり、フルマラソンが2回目以上のランナーは、「自己ベスト更新」「5時間切り」「サブ4」など、それぞれにタイムの目標が設定されます。
目標を明確にしたほうが、トレーニング計画を立てやすいのは確かです。

私自身もコーチとして、市民ランナーのみなさんには日頃、そのように指導しています。本書でも、よいタイムで走るためのメンタルのあり方を紹介してきました。

しかし一方で、タイムばかりを追うランニングはいかがなものだろう、との思いもあります。「1キロ○分で走りましょう」とか「10分で○キロを目指す」と、数字ばかりを気にすると、なんとなく時計に走らされている気がするからです。

たとえば1キロ6分で走ろうというとき、ちょっとつらいなと思ったら、それは無理をしているということです。逆に、遅すぎて物足りないなというときも、やはり無理をしているということになります。

タイムは後からついてくるもの

よい走りというのは、自分がもっとも気持ちよく続けられるペースで走ることです。自分の感覚、あるいは動物的感覚と言い換えてもいいかもしれません。そうしたものをベースに走り、タイムは走り終わった後に確認する程度でいいのです。

実際、**自分の感覚で気持ちよく走れているほうが、無駄な力を使わない分、肉体的にはラク**です。また、**ラクに走れるときのほうがよいタイムが出やすい。そのタイムこそ、そのランナーの本当の実力**を示しています。タイムありきで目標を設定し、それをクリアした場合とは意味合いが変わってきます。

もちろん、本気で記録を狙いにいくレースでは、時計を見ながらのペース配分は不可欠です。レースでも、現実的には感覚だけで最後まで走るのはむずかしいはずです。

でも、トレーニングでジョギングを行うときは、何回かに1回くらいはタイムを気にせずに走ってみてください。このときのポイントは、自分のカラダをうまく使うことと、とにかく気持ちよく走るということだけ。時計をつけなくてもＯＫです。

脳や理屈だけで走るのではなく、**自分のカラダの声を聴きながら走る。タイムは追いかけるものではなく、後からついてくるもの。**そんな意識で走ればケガも少なくなるし、ランニング自体を心から楽しむことができるはずです。

おわりに

最後までお読みいただき、ありがとうございます。

ランニング経験が豊富な読者にとっては、本書で書かれている事例はすでに体験済みのことが多いかもしれません。特にレースでの失敗は、ランニングライフを続けていく上で欠かせない経験だと思います。一方、ビギナーのランナーには「へぇーそんなものなんだ」とさらっと感じていただければ十分です。

最近、現在のランニングブームはどこまで続くのだろう？　と思うことがあります。ブームの裏側で、人気のないマラソン大会は定員割れしているという事実もあるからです。

ブームが去れば走るのをやめる人が増えるのでしょうか？　私はそう思いません。走ることで得られることは多岐にわたります。たとえば、健康、引き締まったカラダ、レースでの得難い体験、カラダに関する知識、気のおけない仲間、そして心の強さや安定、達成感など、走ること以外で得ることがむずかしいことばかりなのです。

とりわけ、本書でも触れているランニングによるセロトニン効果は大きいと思います。ストレス社会に生きる人にとって、心の問題は個人にとっても社会全体にとっても根深い課題。増え続けるうつ病患者の例を見ても、その深刻さは看過できるものではないのです。

ランニングを通じてカラダの健康のみならず、生活と心が豊かになる人がもっともっと増えることを願うばかりです。

最後に、本書を出版していただく機会を与えてくださった実業之日本社の石川祐一さん、プロジェクトメンバーの吉田亜衣さん、小野哲史さんには読者に代わって感謝を申し上げたいと思います。

金 哲彦

【著者略歴】

金 哲彦（きん・てつひこ）

早稲田大学時代、名将・中村清監督の下、箱根駅伝で活躍。4年連続で山登りの5区を担当。区間賞を2度獲得し、84年、85年の2連覇に貢献する。大学卒業後、リクルートに入社。87年大分毎日マラソンで3位入賞。現役引退後はリクルートランニングクラブで小出義雄監督とともにコーチとして活躍。有森裕子、高橋尚子などトップランナーの強化に関わる。その後、同クラブの監督に就任。現在はオリンピック選手から市民ランナーまで、幅広い層から厚い信頼を集めるプロフェッショナル・ランニングコーチとして人気を博す。テレビやラジオでマラソン・駅伝・陸上競技中継の解説者としてもおなじみ。NPO法人ニッポンランナーズ理事長。『金哲彦のマラソン練習法がわかる本』『金哲彦のマラソンレース必勝法42』（ともに小社刊）、『「体幹」ランニング』（講談社）など著書多数。1964年2月1日生まれ、福岡県出身。

［STAFF］

編集協力　吉田亜衣、小野哲史
カバーデザイン　柿沼みさと
本文デザイン　若松隆
イラスト　丸口洋平
写真　Agence SHOT

パーフェクトレッスンブック

金哲彦《きんてつひこ》の
マラソンメンタル強化《きょうか》メソッド

著　者　金 哲彦
発行者　岩野裕一
発行所　株式会社実業之日本社
〒153-0044　東京都目黒区大橋1-5-1 クロスエアタワー 8階
電話　03-6809-0452（編集）
03-6809-0495（販売）
ホームページ　http://www.j-n.co.jp/

印刷・製本　大日本印刷株式会社

ISBN978-4-408-33722-7（第一スポーツ）

1712(01)